RÉCIT

DE

QUELQUES FAITS

CONCERNANT

LA GUERRE DE LA VENDÉE.

A. PIHAN DELAFOREST,
IMPRIMEUR DE MONSIEUR LE DAUPHIN ET DE LA COUR DE CASSATION,
rue des Noyers, n° 37.

RÉCIT

DE

QUELQUES FAITS

CONCERNANT

LA GUERRE DE LA VENDÉE,

RELATIFS SEULEMENT

AUX HABITANS DE L'ANJOU

QUI Y PRIRENT PART AUX DEUX ÉPOQUES PRINCIPALES
DE CETTE GUERRE MÉMORABLE;

FAISANT PARTIE

DES MÉMOIRES

PUBLIÉS SOUS LE TITRE DE

SOUVENIRS D'UN OFFICIER ROYALISTE;

PAR M. DE R...,

ANCIEN COLONEL D'ARTILLERIE.

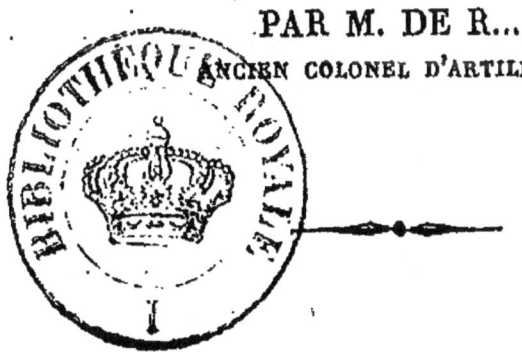

PARIS,

A. PIHAN DELAFOREST,

IMPRIMEUR DE MONSIEUR LE DAUPHIN ET DE LA COUR DE CASSATION,
rue des Noyers, n° 37.

RÉCIT
DE
QUELQUES FAITS
CONCERNANT
LA GUERRE DE LA VENDÉE.

PREMIÈRE PARTIE.

INSURRECTION DES VENDÉENS D'ANJOU, LE 10 MARS 1793.

Fier d'appartenir à un des arrondissemens des provinces de l'Ouest, qui a le plus souffert de sa résistance à empêcher le renversement de l'autel et du trône, je crois remplir un devoir de compatriote, en retraçant, à la fin de mes Souvenirs, quelques traits caractéristiques de la gloire des Angevins, et de leurs infortunes, dans la lutte terrible qu'ils ont eu à soutenir contre la république.

L'honneur d'avoir fait partie de l'armée vendéenne d'Anjou, pendant quelques instans, ce qui avoit été souvent l'objet de mon ambition lorsque je servois à l'armée de Condé, m'a mis à portée de recueillir plusieurs anecdotes touchant son héroïque dévouement, et j'ai du plaisir à les citer ici, dussé-je répéter ce qu'ont écrit mesdames les marquises de la Rochejacquelein et de Bonchamps, ainsi que MM. Alphonse de Beauchamps, Bouvier des Mortiers, et autres écrivains qui ont publié l'histoire de cette guerre mémorable.

Gloire à toi! ancien pays des Mauges; gloire à toi! tu as vu à la tête de tes phalanges chrétiennes et royalistes, Cathelineau, Bonchamps, d'Elbée, la Rochejacquelein, Stofflet, Fleuriot, d'Autichamp, Soyer, Cady, et tant d'autres valeureux capitaines, la plupart nés sur ton territoire, qui surent, par l'ascendant de leurs vertus, leur courage insigne, leur force de caractère, et leur popularité organiser et maintenir contre leurs cruels ennemis, ces rassemblemens d'hommes vertueux, déterminés à soutenir, les armes à la main, la plus noble des causes (1).

---

(1) Cette portion de l'Anjou qui forme aujourd'hui l'ar-

A peine étois-je de retour de mon émigration, que je cherchai les occasions de me faire raconter, par des hommes véridiques, tout ce que mon pays avoit fait et souffert pour la monarchie. Je n'avois qu'une idée bien superficielle de tous ces événemens, presque miraculeux, qui nous étoient parvenus au milieu de l'Allemagne, dans des lettres ou journaux échappés à l'inquisition de nos ennemis.

Voisin de M. Soyer, ancien major général de l'armée d'Anjou (qui avoit été commandée successivement par les généraux de Bonchamps, Stofflet et d'Autichamp), je ne tardai pas à être intimement lié avec cet acteur constant de la guerre immortelle des Vendéens. Ce fut à ce brave et loyal officier, doué d'un caractère impartial, que je dus les premières notions que je désirois avoir sur ce cadre immense, ainsi qu'à M. le comte

---

rondissement de Beaupreau, se glorifie également d'avoir fourni à la Chambre des députés un législateur remarquable, le comte de La Bourdonnaye, ce loyal député, constant défenseur des institutions monarchiques; aussi les Angevins l'ont-ils réélu avec empressement à chacune des élections qui ont eu lieu depuis 1815.

Charles d'Autichamp, que mes rapports de société me mettoient à portée de questionner souvent sur ce qu'il avoit vu.

Mais à l'époque où ils avoient la complaisance de satisfaire ma curiosité, on vit paroître l'*Histoire de la Guerre de la Vendée*, par M. Alphonse de Beauchamp, et plusieurs années après, les *Mémoires de madame la marquise de la Rochejacquelein*. Je dévorois ces écrits, surtout le dernier, qui me parut le plus attachant; en effet, quelle touchante narration, et quel entraînement à en poursuivre la lecture lorsqu'on l'a une fois commencée! Une chose troubla néanmoins mes idées dans la description de tant de faits historiques: ce fut d'apprendre de la bouche de ces messieurs, et de plusieurs de leurs compagnons d'armes, que M. de Beauchamp n'étoit pas toujours exact; ce qui n'étoit pas surprenant, car il ne lui suffisoit pas d'avoir le courage de révéler la gloire des habitans de la Vendée, sous un gouvernement qui avoit tant de motifs pour en étouffer le souvenir; il lui auroit fallu plus de temps pour se procurer une foule de documens jetés çà et là sur le papier, dans l'intervalle des combats, par différens acteurs de cette guerre mémorable.

Il ne m'appartiendroit pas de faire cette remarque, si M. Soyer ne m'avoit communiqué des notes à ce sujet, notes écrites de sa main, et dont je suis dépositaire. Voici comment, après que j'eus publié mes *Mémoires sur l'Italie, la Corse et l'Emigration*, cet officier général m'engagea fortement à continuer mon ouvrage, et à mettre au jour le récit que j'avois annoncé sur la Vendée d'Anjou, me promettant de me fournir quelques matériaux (1). Il mourut dans l'intervalle, et

---

(1) Saint-Lambert, le 13 mars 1823.

Monsieur et bon ami;

J'ai reçu le paquet que vous avez eu la bonté de m'adresser, j'ai lu avec autant de satisfaction que de plaisir la première partie des Mémoires que vous vous proposez de continuer. Si quelques pages, quelques expressions peuvent être dans le cas d'être censurées par nos implacables ennemis, nos adversaires de mauvaise foi, je ne les trouve pas moins indispensables à votre travail. J'y trouve la vérité qui est pour un pareil ouvrage la justification et la réfutation de la censure qu'il pourroit encourir. Je ne crois pas que vous vous soyez trop étendu dans vos détails, je me fonde sur ce que dans des mémoires, les faits doivent être plus expliqués que dans un autre ouvrage. Je trouve que vous avez parfaitement

Messieurs ses frères ont tenu l'engagement qu'il avoit pris avec moi, en me faisant passer ses papiers. J'ai seulement l'intention d'en faire un court extrait pour servir d'introduction à la narration succincte de notre campagne de 1815, qui mettra le lecteur à même de comparer la prise d'armes de 1793 avec la dernière.

C'est à tort que différens historiens ont attribué l'insurrection de la Vendée aux prêtres et aux

---

réussi, et votre plan est fort de mon goût, je vous engage bien à le suivre. Hélas! ce témoignage est bien peu de chose; mais vous me demandez de vous dire franchement mon avis, c'est avec ce sentiment que je vous répète que je suis satisfait, et que je serois fâché que vous renonçassiez à votre projet.

Je vous tiendrai promesse pour mes notes, mais je ne saurois vous les donner qu'à la fin d'avril; en voici la cause : elles sont si chargées de ratures que je suis obligé de les copier, je n'ai pu travailler tout l'hiver comme je me l'étois promis, j'ai souffert comme un malheureux de mes blessures, je n'avois point de sommeil, le physique et le moral étoient sans capacité, j'espère de la saison, et que je pourrai remplir mon objet.

Recevez, Monsieur et bon ami, l'assurance de ma respectueuse estime, *Signé* SOYER.

nobles; les premiers étoient en très-petit nombre, et bien cachés, et les seconds, presque tous émigrés, si l'on en excepte les vieillards et les enfans. On ne doit pas confondre ce mouvement général du Poitou, de l'Anjou et du pays Nantais, situé sur la rive gauche de la Loire, qui s'opéra dans le mois de mars 1793, avec les tentatives d'insurrections partielles qui avoient eu lieu précédemment en Bretagne, dans le Poitou et autres provinces du royaume; qui tenoient néanmoins à la haine que beaucoup de gens portoient au nouvel ordre de choses, mais qui avoient été préparées et dirigées par quelques hommes courageux et entreprenans, peut-être bien aises de profiter de la circonstance pour jouer un rôle et se faire une réputation. Il est cependant bon de dire que le petit nombre de gentilshommes qui se trouvoient alors habiter leurs terres, avoient pressenti depuis quelques mois une prochaine révolte, sans la fomenter par aucuns moyens, ni savoir de quelle manière ils seroient appelés à y figurer. Les uns étoient toujours restés dans le pays pour des raisons particulières de santé ou d'affaires; peut-être aussi qu'une opinion contraire à l'émigration en avoit déterminé plusieurs à ne point en sortir à l'époque où toute la noblesse avoit cru devoir répondre à l'appel des frères du roi. D'autres y étoient revenus après la dissolution de l'honorable garde de Louis XVI, dans laquelle ils étoient parvenus à se faire enrôler pour mourir sur les marches du trône, entre autres, MM. Henri de la Rochejacquelein, Charles d'Autichamp, Martin Bodinière, etc., etc., etc. Plusieurs enfin qui avoient émigré, étoient parvenus à rentrer en France, et même dans leurs foyers après avoir fait la campagne de 1792 sous les ordres des Princes. De ce nombre étoit M. d'Elbée duquel je suis bien aise de citer ici quelques traits qui ajouteront à la haute idée qu'il a fait concevoir de la magnanimité de son caractère; magnanimité que les historiens ont vantée à si juste titre.

J'avois beaucoup connu M. d'Elbée parce qu'il étoit voisin de ma sœur, qui demeuroit au château de Barôt, près Beaupreau; c'étoit un homme loyal, qui ne manquoit pas d'esprit et de certaines connoissances, mais singulier dans son ton et ses manières et jusque dans sa tenue; parlant avec une sorte de lenteur et d'affectation qu'on auroit pu prendre pour de la pédanterie, opinion dont on étoit bientôt détrompé en le pratiquant.

Son père, M. Gigot d'Elbée, avoit servi comme officier supérieur en Saxe, circonstance qui lui avoit fait épouser une Saxonne, demoiselle bien née, nommée de Lussan ; et lui dans sa jeunesse, avoit servi quelque temps dans les Chevau-Légers, mais privé de son père long-temps avant la révolution, il s'étoit retiré avec sa mère, dans une petite terre nommée la Loge près de Beaupreau. Il épousa ensuite mademoiselle d'Hauterive fille du gouverneur de l'île de Noirmoutier. La convocation des États-généraux ayant nécessité dans tout le royaume les assemblées partielles des trois ordres pour procéder à l'élection des députés, M. d'Elbée se présenta à celle de la noblesse, dans le bailliage d'Angers, se croyant probablement fondé à y prendre rang, soit qu'il y eût droit ou qu'il eût idée que sa position dans la société, les services de son père et l'origine de sa mère l'autorisassent à établir cette prétention : elle ne fut point admise, par le défaut sans doute de ne pas avoir ses titres en règle. Loin de s'offenser de cette espèce de mortification M. d'Elbée qui étoit bon Français, ne voulut point être privé d'en remplir les devoirs dans cette circonstance, et plutôt que d'attendre une décision qui pourroit favoriser sa prétention, il se rendit à l'assemblée du Tiers-État, pour y contribuer à l'élection de nos bons et loyaux députés.

Qu'on ne pense pas que M. d'Elbée ait voulu en rester là pour manifester la noblesse de son caractère et sa haine pour les idées révolutionnaires. Les mauvais traitemens qu'on exerçoit envers le Roi, les nobles, les prêtres et les honnêtes gens, ayant entraîné beaucoup de Français, nobles et autres, à émigrer pour rejoindre les Princes en Allemagne, il n'hésita pas à laisser sa femme, ses enfans et son manoir, comme la plupart de ses voisins, pour aller servir sous les ordres du prince de Condé. Il fut même choisi par le général de la Saulais qui commandoit une division de chasseurs nobles pour être son aide-de-camp. Mais après avoir fait la campagne de 1792, dans ce moment si désespéré pour les émigrés, M. d'Elbée fut assez heureux pour recevoir une lettre de sa femme, qui l'engageoit vivement à chercher tous les moyens de revenir en Anjou, pays dans lequel elle présumoit d'après tout ce qui s'y passoit, qu'il ne tarderoit pas à trouver l'occasion de prouver son dévouement à la cause des Bourbons. Il fit voir cette lettre à plusieurs de ses compatriotes, qui l'engagèrent à suivre son inclination en se présentant toutefois, chez monseigneur le prince de Condé pour lui en faire part et obtenir son agrément. Le Prince qui ne pouvoit encore rien préjuger du sort qui l'attendoit, ainsi que de ses braves compagnons d'armes, engagea M. d'Elbée à répondre au vœu de sa femme puisqu'elle pensoit qu'il pourroit incessamment être utile au Roi dans son pays. Il partit donc et prouva bientôt par sa persévérance et son courage tout ce que son ame avoit d'élevé ; rapportant tout à la providence, idée chrétienne dont il étoit pénétré. Quelques auteurs ont parlé de ce mot qui lui étoit si familier, avec une sorte de moquerie d'autant plus déplacée que quand bien même ce général vendéen n'auroit pas rapporté sincèrement à Dieu la cause de tous les événemens qui se passoient, ce que je suis loin de penser, il eût été politique à lui d'adopter un langage et des expressions propres à obtenir de ces bons paysans, de ces soldats éminemment chrétiens une plus forte résignation à tout risquer et tout supporter pour le soutien de la cause sainte qu'ils avoient embrassée. C'est ainsi que Souvarow, a remporté bien des victoires en tenant à ses soldats un langage à leur portée, employant souvent des expressions bizarres et leur faisant faire lui-même la prière au camp, les recommandant à Dieu et au bon saint Nicolas patron de la Russie, dont il portoit toujours l'image, comme les Vendéens portoient un sacré cœur ou l'image de la Vierge brodée sur leurs habits, quelquefois un chapelet ou une petite croix d'or à la boutonnière.

Revenons à la guerre de la Vendée qui commença sur la rive gauche de la Loire. L'absence des nobles, l'enlèvement des prêtres, les traitemens indignes qu'on leur avoit fait souffrir et l'exécution de l'infortuné Louis XVI, avoient répandu dans tout le pays un mécontentement général et jeté dans les esprits la plus grande inquiétude sur l'avenir.

Les choses en étoient là lorsque la Convention, pressée par une guerre terrible, décréta une levée de trois cent mille hommes.

Ce fut là la véritable cause de cette célèbre guerre. En effet quelle mesure hasardeuse et quel acte de despotisme de vouloir enrôler, le même jour, dans toutes les communes de France, tous les hommes non mariés depuis l'âge de dix-huit ans jusqu'à quarante.

Il seroit impossible de calculer aujourd'hui, à

quel nombre d'individus se monta cette réquisition d'une génération toute entière, la première qui ait été moissonnée par le fer et le plomb meurtrier de la guerre.

Il est à croire qu'au lieu de trois cent mille hommes qui furent astucieusement portés sur le décret, il y en eut plus de cinq cent mille à cette époque qui se rendirent aux armées. En effet, la commune de Thouarcé, dont la population se montoit de 1800 à 2000 ames, avoit été sommée de fournir 33 individus pour son contingent: les administrations d'alors irritèrent tellement les jeunes gens appelés au tirage, en exerçant contre eux toutes sortes d'injustices et de mauvais traitemens, que ceux-ci poussés au désespoir, cherchèrent différens prétextes pour refuser de tirer au sort.

Ici c'étoit un officier municipal ou procureur de commune, qui ne vouloit pas entrer dans les rangs quoiqu'il fût garçon ; il est vrai que la loi l'en dispensoit, mais cela ne paroissoit pas juste aux autres : là on demandoit que les partans fussent désignés par le scrutin et non par le sort, la loi laissant aux jeunes gens le choix entre ces deux modes, et dans le nombre plusieurs repoussoient cette proposition. Ailleurs on en voyoit qui se concertoient pour demander que l'on fît partir premièrement les acquéreurs des biens nationaux ou leurs enfans. Toutes ces prétentions et contestations occasionoient des querelles assez vives dans la plupart des communes, où les autorités n'écoutoient aucunes réclamations et ne vouloient admettre ni plaintes, ni raisonnemens; il falloit obéir, aux risques de la prison et même de la guillotine; car à cette époque, il y avoit peu de communes qui n'eussent déjà quelques-uns de leurs habitans en détention, et même en jugement, pour cause d'opinions; d'autres étoient en fuite. Les jeunes gens de la réquisition se promirent donc presque par-tout de ne point répondre à l'appel et d'attendre les événemens.

Les maires et les municipaux qui étoient chargés de l'exécution du tirage, se rendirent le 10 mars, comme ils en avoient l'ordre, dans leurs églises respectives, lieux désignés pour ces sortes d'assemblées. Les jeunes gens y allèrent aussi de leur côté, ayant presque partout à leur tête, ceux d'entre eux âgés de trente à quarante ans, comme les plus décidés et les plus propres à élever des difficultés, et à provoquer des disputes, au moyen desquelles ils espéroient parvenir à leur principal but, qui étoit de ne point quitter leurs foyers.

Toutes les autorités révolutionnaires, déjà accoutumées à comprimer les habitans de leur communes en despotes, mebacèrent leurs jeunes concitoyens de la gendarmerie. Cette troupe avoit été répartie dans les principaux lieux; on ordonna des arrestations, comme on en avoit fait faire précédemment; mais cette mesure n'étoit plus exécutable, attendu que dans le même jour et pour ainsi dire à la même heure, tous les jeunes gens qui avoient été convoqués refusèrent d'obéir à l'appel, en se révoltant contre les autorités. Dans le bourg de Chanzeaux, le procureur de la commune, le sieur Godellier, chirurgien, fut tué par deux insurgés, armés de fusils, qui tirèrent en même temps sur lui. Après cette voie de fait, ils allèrent aux informations, pour savoir ce qui s'étoit passé dans les autres communes, et ils apprirent que le refus de tirer à cette cruelle milice avoit été général dans toutes les Mauges.

Mais ce fut principalement à Saint-Florent, chef-lieu de district, que cette révolte eut le plus d'importance. Deux à trois mille conscrits, qui s'y trouvèrent réunis, demandèrent à grands cris qu'on les exemptât du tirage; les administrateurs voulurent les haranguer, mais leurs voix furent bientôt étouffées par les huées de toute cette jeunesse, déjà très-exaltée. Le commissaire du gouvernement, Teissier du Cluzeau, se mit à la tête de la gendarmerie, augmentée de quelques républicains armés. Les deux partis se trouvèrent ainsi en présence, sur la place de Saint-Florent, où les royalistes s'étoient rassemblés, armés de fourches, de bâtons et de quelques fusils de chasse.

Les autorités voyant cela, voulurent encore tenter de ramener les esprits; mais plusieurs coups de fusil, dirigés par leur force armée sur un petit groupe d'hommes qui se tenoient à l'écart, furent le signal du combat. Le feu s'engagea, il y eut de part et d'autre plusieurs hommes tués; on se sépara un instant, mais dans l'après-midi, les royalistes revinrent à la charge avec impétuosité. Les républicains trop peu nombreux pour résister, prirent le parti de se disperser et de s'enfuir. Tout fut alors envahi par les vainqueurs, qui brûlèrent les papiers du district et s'emparèrent de quelques assignats; ensuite ils se quittèrent pour retourner chez eux.

Une petite bande de ceux-là, passant par le bourg du Pin-en-Mauges, voulut s'y arrêter pour se rafraîchir et célébrer leur victoire par des chansons. Ils furent entendus par le nommé Jacques Cathelineau, habitant de ce bourg, dans lequel il vivoit de l'état de messager et de fileur de laine. Surpris de l'exaltation de ces jeunes gens, il s'approche d'eux pour les questionner sur ce qui s'est passé à Saint-Florent : au récit qu'ils lui font, ce simple artisan se sent tout ému, et pense, avec raison, que les choses n'en resteront pas là; il se persuade au contraire qu'un semblable événement doit exciter toute la vengeance des gouvernans, qui ne voudront pas sans doute que leur autorité soit méconnue. Son cœur élevé lui suggère l'idée qu'il est bon d'en prévenir les effets. Il donne en conséquence le conseil à ses jeunes compatriotes, de se tenir sur leurs gardes; il fait plus, il leur offre de se joindre à eux pour repousser la tyrannie qui va toujours croissant. Quelle grandeur d'ame de sa part, lui qui n'étoit pas compris dans cette loi de recrutement puisqu'il étoit marié ! Le vrai patriotisme l'emporte sur toute autre considération. Il s'élance dès-lors d'un pas intrépide dans la carrière des armes, pour laquelle il sembloit être né; et cet homme de mœurs douces et plein de piété, qui n'avoit encore été jusque-là que le modèle des villageois, abandonne sans hésiter sa chaumière, sa femme et ses enfans, pour aller donner aux races futures un des plus beaux exemples d'héroïsme et d'amour de la justice qu'on puisse citer dans les annales du monde.

Les autorités du département firent marcher en toute hâte contre les insurgés une grande partie de leurs gardes nationales avec un régiment de Dragons, qui se trouvait à Angers sous les ordres du colonel Boisard. Cette colonne se dirige sur le bourg de Jallais, passant par Saint-Lambert et Chemillé; la garde nationale de Chalonne s'y rendit aussi de son côté avec une pièce de canon, qu'elle appelait le *Missionnaire*, pour faire, disait-elle, la mission dans les Mauges. Ces troupes ne servirent qu'à aigrir les habitans par les vexations qu'elles exercèrent contre eux, n'observant pas la moindre discipline sur leur passage.

Les vainqueurs de Saint-Florent qui s'étoient aussi portés sur Jallais, réunirent tout ce qu'ils purent de monde pour aller de suite attaquer les ennemis qu'ils trouvèrent barricadés dans les avenues et les cours du château. Cathelineau marchoit à leur tête, ayant sous lui un individu surnommé Six-Sols, ancien canonnier de marine. Avant de commencer l'attaque, ce militaire dit aux insurgés : « Mes amis, n'ayez pas peur du « canon, dès que vous apercevrez les républi- « cains mettre le feu à l'amorce, jetez-vous à « plat ventre, et relevez-vous la minute d'après « avec précipitation pour vous élancer sur les « canonniers. » La recommandation de Six-Sols fut ponctuellement suivie, et le fameux *Mission-naire* fut pris par les laboureurs des Mauges, qui furent encore vainqueurs cette fois-là. Il y eut quelques hommes tués de part et d'autre ; mais les royalistes firent un grand nombre de prisonniers qu'ils traînèrent à leur suite, après les avoir attachés deux à deux par le bras. Toutes les gardes nationales avoient pris la fuite en jetant l'alarme partout où ils passoient.

Le nommé Six-Sols s'établit dès-lors canonnier en chef des royalistes ; il fut même considéré un instant comme commandant avec Cathelineau. Leur rassemblement étoit d'environ deux mille hommes.

Stofflet, garde-chasse de M. de Colbert, s'étoit mis dans le même moment à la tête des mécontens de Maulevrier : ces deux corps se réunirent le 14 pour aller attaquer Chollet. Les Cholletais avoient à leur tête M. le marquis de Beauveau qui étoit procureur-syndic du district. Ils s'étoient organisés en troupe, ayant deux pièces de canon du calibre de quatre. A l'approche des insurgés, ils sortirent de Chollet pour aller au-devant d'eux. Ceux-ci s'étoient arrêtés sur les hauteurs du bois Grollau. M. de Beauveau fit mettre ses pièces en batterie, en même temps que Six-Sols y mettoit le *Missionnaire*. Il chargea ce canon avec des morceaux de vieilles marmites pour lui servir de mitraille, n'ayant pu se procurer autre chose. Il fit aux siens la même recommandation qu'à Jallais, pour éviter l'effet du canon de l'ennemi, leur enjoignant de courir dessus aussitôt que lui, Six-Sols, auroit tiré son second coup, en les assurant qu'il étoit sûr de tuer le canonnier des Cholletais ; en effet, il tua M. de Beauveau. Les insurgés se précipitèrent à l'instant sur les gardes nationales en criant de toutes leurs forces : En avant, en avant ! rembarre, rembarre !

Les Cholletais se retirèrent alors dans le château

de Chollet où ils se défendirent avec opiniâtreté ; ils tuèrent même une vingtaine des insurgés par les croisées, parce qu'ayant jeté de mauvais fusils sur la place pour leur tendre un piége, ceux des insurgés qui n'en avoient pas, se jetèrent dessus pour s'en saisir, ce qui donna la facilité de tirer sur eux à coup sûr. Néanmoins les Cholletais finirent par se rendre, à cela près d'un certain nombre qui trouvèrent le moyen de se sauver et de quitter la ville. Il y eut quelques excès de commis dans la chaleur de l'action, chose difficile à éviter au milieu d'une semblable confusion, et qu'on a reprochée bien des fois aux Vendéens.

Il y avoit à Chollet un détachement de vingt-cinq cavaliers du régiment de Royal-Roussillon, qui furent faits prisonniers ; leurs armes et leurs chevaux, ainsi que ceux de la gendarmerie servirent à monter et équiper un pareil nombre d'insurgés. On trouva en outre dans la ville beaucoup d'armes et de chevaux.

Les villes de Beaupréau et de Chemillé où les gardes nationales essayèrent de se défendre, furent également forcées de se soumettre. On y désarma les bourgeois et la gendarmerie. Il y eut à

Chemillé un certain nombre d'habitans tués, quelques-uns des plus riches et des plus marquans parmi lesquels se trouvoient MM. Briaudeau, Michel et Dailleux.

De là les insurgés se portèrent sur Coron et Vihiers, traînant encore avec eux leurs prisonniers. Ils rencontrèrent bientôt les gardes nationales de tout l'arrondissement de Saumur, qui s'étoient mises en bataille près de Coron, à la Butte des Hommes.

Elles avoient avec elles une pièce de canon du calibre de dix, qui avoit été prise au château de Richelieu par les Saumurois : on la nommoit *Marie-Jeanne*. Un prêtre nommé Carpentier, qui est devenu général, étoit un de leurs principaux commandans. Les Vendéens attaquèrent avec intrépidité. On tira de part et d'autre quelques coups de canon, et dans un instant la terreur se répandit parmi les républicains, dont la plupart s'étoient munis de mains de papier qu'ils avoient placés sous leurs gilets en guise de cuirasses; mais bientôt ils s'enfuirent à toutes jambes, laissant sur la grande route, leurs prétendues cuirasses et la fameuse pièce de canon appelée *Marie-Jeanne*. Le prêtre Carpentier avoit eu le soin d'en emmener les chevaux et l'avant-train.

Il contribua aussi à faire sauver une partie des fuyards qui donnèrent l'épouvante à tout le district de Vihiers ; et ces hommes qui avoient juré la veille de mourir pour la liberté, ne jugèrent même pas à propos de s'arrêter un instant dans la ville. Les insurgés y entrèrent donc sans coup férir ; ils mirent le feu à tous les papiers du district qui avoient rapport à la révolution, abattirent l'arbre de la liberté, et arrachèrent le drapeau tricolore qui flottoit sur le clocher, pour y arborer le drapeau blanc, ce qui fut pratiqué dans toutes les communes de la Vendée. On renvoya de là quelques prisonniers.

Ce même mouvement d'insurrection s'opéra dans l'intervalle de quatre ou cinq jours, sur les deux rives de la Sèvre, dans les districts de Châtillon, de Chollet, de Tiffauges, de Saint-Florent et partie de ceux de Vihiers, de Thouars et de Bressuire.

Ce fut à Vihiers que Stofflet prit définitivement le commandement des troupes qui étoient avec lui, donnant des ordres et des passe-ports qu'il signa avec ce titre, ainsi que Cathelineau le fit à Beaupreau. Ces deux chefs se mirent tout-à-fait en évidence dès le 16 de mars ; mais les gens réfléchis ne voyant point une garantie suffisante dans deux hommes aussi peu marquans, jusqu'alors ignorés, imaginèrent de faire des démarches auprès de MM. d'Elbée et de Bonchamps, qui furent vivement sollicités chacun dans sa contrée de prendre le commandement de cette multitude inexpérimentée, qui se trouvoit dépourvue d'armes et sans munitions.

Je tiens d'un individu fort estimable qui avoit à cette époque des relations fréquentes avec M. d'Elbée, qu'il a été témoin qu'une bande de ces bons paysans vinrent le trouver un soir à sa maison de la Loge pour le presser de marcher à leur tête ; il chercha par toutes sortes de moyens à les détourner de prendre les armes en leur disant : Que leur position obscure les préserveroit sans doute des malheurs de la révolution, qui vouloit surtout choisir pour ses victimes les nobles et les riches. Il ajouta qu'il y avoit d'ailleurs peu de chances favorables à lutter contre cette révolution qui feroit le tour du monde, qu'il les engageoit à rester tranquilles au milieu de leurs familles, que c'étoit le plus sûr parti pour eux. Ils insistèrent, il leur dit alors : Eh bien, prenez la nuit pour réfléchir sur mes observations. — Le lendemain ils revinrent plus nombreux et plus déterminés ; alors il leur dit avec enthousiasme : Hier je partageois tous vos desseins, mais j'étois bien aise de vous éprouver ; aujourd'hui vous avez calculé tous les dangers, allons donc ensemble au martyre ou à la victoire!

M. de Bonchamps tint une conduite et un langage à peu près semblables envers les habitans du canton de Saint-Florent, qui se portèrent à son château de la Baronnière, pour le prier de se mettre à leur tête, dans la persuasion qu'un chef aussi estimé et aussi expérimenté pouvoit seul les sauver.

« D'abord, il demanda du temps pour réfléchir
« à leur proposition ; mais comme ils insistoient
« avec la plus vive ardeur : Eh bien ! leur dit
« M. de Bonchamps, êtes-vous irrévocablement
« décidés à tout sacrifier à la cause sacrée que
« vous voulez défendre ? Promettez-vous de ne
« jamais l'abandonner ? — Oui ! oui ! s'écrièrent-
« ils tous à la fois. Jurez donc avec moi d'être
« fidèles à notre sainte religion, reprit M. de
« Bonchamps, à notre jeune Roi détenu dans les
« fers, enfin à la royauté, à la patrie ; tous pré-

« tèrent ce serment avec acclamations de vive le
« Roi ! vivent les Princes (1) !

Aussitôt que M. d'Elbée eut paru à Beaupreau, M. de Bonchamps à Saint-Florent, MM. de la Rochejacquelein et de Lescure aux Aubiers et à Châtillon, la masse entière des habitans se leva. M. Domagné, ancien officier de Carabiniers, qui étoit retiré à sa terre de la Calonière près Joué, invité comme ces messieurs à prendre un commandement, se rendit au rassemblement général, où il organisa la cavalerie, de manière à en tirer le meilleur parti possible.

Le nommé Six-sols avoit joué jusque-là un certain rôle, comme je l'ai fait remarquer; mais les républicains ayant eu vent de ses connoissances militaires, s'occupèrent de le gagner. On lui fit faire des offres, pour qu'il livrât l'artillerie; il se laissa séduire. On n'a jamais su positivement ce qu'on lui avoit promis; mais le 29 mars, à l'attaque de Saint-Lambert du Lattai, lieu où sa trahison devoit s'effectuer, il ne pointa pas un seul coup sur l'ennemi et consomma toute sa poudre

―――――――――――――――――――

(1) Extrait des *Mémoires de madame la marquise de Bonchamps*.

à tirer sur le clocher. Stofflet s'en étant aperçu lui fit des menaces. Six-sols quitta son poste un instant pour se retirer à l'écart dans un chemin étroit, où il devoit probablement s'aboucher avec les espions. Stofflet le fit arrêter sur-le-champ, sans lui donner le temps de la réflexion, le fit attacher à sa pièce et conduire sous une bonne garde à Chemillé, où se trouvait M. d'Elbée ; Stofflet, se voyant alors sans canonnier et sans munitions, s'occupa de pourvoir à la sûreté de sa troupe ; il en parcourut tous les rangs. Elle étoit alors au village des Grandes-Tailles en face de l'ennemi. Il donna l'ordre à ses soldats de discontinuer de tirer, de ne pas bouger et d'attendre la nuit, afin de se retirer dans l'obscurité, sans être poursuivi. Ses ordres furent ponctuellement exécutés ; les républicains ne savoient ce que cela vouloit dire ; mais ils firent également cesser le feu. On s'observa de part et d'autre jusqu'à la nuit, dont les royalistes profitèrent pour se retirer à Chemillé.

Aussitôt son arrivée, Stofflet fit son rapport à M. d'Elbée sur la conduite de Six-Sols. Six-Sols avoua qu'il avoit été séduit par des femmes, qui lui avoient remis des montres et 22,000 francs d'assignats. Les deux commandans convinrent ensemble de le faire conduire à Chollet, où il seroit jugé par un conseil de guerre. En effet, rendu dans cette ville, il fit le même aveu devant ses juges. Il leur demanda sa grace; mais il fut condamné à mort et exécuté.

Cette conduite énergique de la part de Stofflet lui fit beaucoup d'honneur dans l'esprit de toute l'armée; il fut regardé comme l'ayant sauvée dans cette circonstance difficile. Il est juste de dire qu'il sut mettre à profit ces bonnes dispositions en sa faveur, pour prendre sur elle un grand ascendant.

C'est l'occasion de dire ici un mot sur ce généreux et courageux guerrier, auquel les historiens n'ont pas toujours rendu la justice qui lui étoit due.

Stofflet étoit né à Lunéville en Lorraine, d'une famille d'artisans. Il s'engagea à l'âge de 18 ans dans un régiment d'infanterie, où il servit l'espace de 16 ans, comme grenadier. Il étoit bien fait, d'une figure agréable, les cheveux, la barbe, et les sourcils noirs, de beaux yeux, l'air un peu sévère. Il n'avoit d'autre éducation que celle qu'un soldat peut acquérir; il ne parloit même pas correctement le français, et avoit conservé l'accent de son pays. Il étoit doué d'un jugement sain, une mémoire heureuse, le coup d'œil juste, mais le commandement un peu dur. Il savoit au premier aspect juger les forces de l'ennemi, sans jamais se tromper. Royaliste par principes, il vouloit la légitimité, l'ordre et la hiérarchie des rangs dans la société.

S'il eut quelquefois le malheur de se laisser conduire, c'étoit par défiance de lui-même, car il savoit qu'il manquoit d'instruction; mais il n'en étoit pas moins très bon général et excellent administrateur, comme il le prouva dans la détresse où se trouva son armée en 1794. Les Vendéens, réduits à ne pouvoir tenir aucune ville, pas même les gros bourgs, furent obligés de se retirer dans les bois, avec leurs blessés, leurs vivres et jusqu'au mobilier de beaucoup d'habitans. Stofflet y fit construire avec une grande promptitude des loges assez spacieuses pour y établir ses blessés et ses malades, d'une manière convenable et commode; il fit faire des écuries suffisantes pour loger tous les chevaux, et des greniers propres à bien conserver le grain, ayant des planchers exhaussés au-dessus de terre, d'un certain nombre de pieds, avec des moulins pour moudre soit à bras, soit avec des chevaux. Il parvint aussi à faire confectionner de la poudre, en cherchant à se procurer du salpêtre partout où il pouvoit en trouver.

Toutes ces constructions, qui étoient en bois de charpente, couvertes et revêtues en planches, furent exécutées d'une manière très solide, par les soins et l'activité de ce général, sans que ses attentions ordinaires pour les troupes en parussent diminuées.

Je reprends le récit des premiers évènemens de la campagne de 1793.

Le 11 avril, M. d'Elbée avoit formé à Chemillé un rassemblement considérable; les républicains vinrent l'y attaquer. Le combat fut long et meurtrier; les Vendéens y épuisèrent d'abord toutes leurs munitions; mais, ayant aperçu que les républicains avoient mis le feu au bourg de Saint-Pierre qui touche Chemillé, ils en furent si exaspérés, qu'armés la plupart de fourches et de bâtons, ils attaquèrent de nouveau l'ennemi avec tant d'impétuosité, qu'il fut obligé de céder. Il se retira jusqu'à Beaulieu sur la route d'Angers, à trois lieues de Chemillé.

M. d'Elbée se fit dans cette affaire une grande

réputation. On l'avoit vu parcourir les rangs au fort de l'action, pour encourager ces valeureux paysans, qui, de leur côté, admiroient sa conduite. La bravoure qu'il déploya jointe à la douceur de ses manières lui gagnèrent tous les suffrages ; dès ce moment il fut regardé comme général ; c'étoit toujours l'homme vertueux, d'une probité sévère, d'une grande douceur, plein de bonté et d'affabilité envers ses soldats ; aussi a-t-il été respecté de l'armée entière. C'est à tort qu'on l'a représenté comme un ambitieux.

Dans le moment où avoit lieu ce combat de Chemillé, le général républicain Gauvilliers, s'étoit porté sur Saint-Florent pour y attaquer M. de Bonchamps, qui occupoit cette position avec le rassemblement d'insurgés, qui l'avoient sollicité de se mettre à leur tête, qu'on désigna ensuite sous le nom d'armée (1) de Bonchamps ;

---

(1) Cette armée étoit bien organisée ; elle avoit un état-major nombreux, composé de bons officiers, et un corps de douze cents chasseurs à pied, qui méritèrent le surnom de braves (Martin de la Pommeraie, en étoit un des commandans).

Un grand nombre de royalistes de la rive droite de la

l'attaque ayant eu lieu sur une étendue de terrain considérable, d'environ deux lieues, M. de

Loire, Angevins, Bretons et autres, ayant su que l'insurrection tentée dans leur pays n'avoit pas réussi, vinrent demander au général de Bonchamps, de servir sous ses ordres, en amenant avec eux beaucoup de simples habitans, bien dévoués, ce qui mit le général dans le cas de former des compagnies, toutes composées de Bretons et d'Angevins, de la rive droite du fleuve; ils eurent pour les commander des officiers de leurs pays. Ces compagnies qui marchoient à l'avant-garde, se signalèrent en maintes occasions par leur excès de bravoure.

Lors du passage de la Loire à Saint-Florent, la première division qui passa, étoit composée en grande partie des Bretons et des Angevins de la rive droite, commandée par MM. le chevalier de Turpin de Crissé et Beaumont (aujourd'hui capitaine de la gendarmerie royale). Ils firent toute la campagne d'outre-Loire, mais après les défaites du Mans et de Savenay, ils furent obligés de rester dans leur pays. Quelque temps après, en 1794, MM. le chevalier de Turpin de Crissé, de Dieusie, de Maulne, de Sarazin, de Terves du Margat, de la Maurouzière et autres officiers, qui avoient tous servi dans l'armée de Bonchamps, rassemblèrent de nouveau les braves royalistes, qui s'étoient cachés pendant quelque temps, les organisèrent dans cette partie

Bonchamps ne put la soutenir avec avantage, ce qui lui fit prendre le parti de se replier sur Beau-

---

de l'Anjou, y commencèrent la guerre des Chouans, et formèrent bientôt un corps d'armée, dont M. de Scépeaux devint ensuite le général. MM. de Dieusie, de Sarazin, de Terves du Margat, de la Maurouzière, etc., etc., y furent tués dès le début.

Ceci prouve que les habitans de la rive droite de la Loire, ont partagé depuis le commencement de la guerre, comme dans tous les temps, l'honneur de la Vendée, en combattant pour la même cause.

On remarquoit entr'autres parmi tant d'officiers distingués de l'armée de Bonchamps, dans le commencement de la guerre, MM. de Fleuriot frères, le prince de Talmont, Charles d'Autichamp, de Scépeaux, le chevalier de Turpin, le chevalier d'Armaillé, le chevalier de Maulne, le chevalier de Dieusie, Lancelot de Turpin, de Bernés, de Caqueray, de Sarazin, ces cinq derniers pages du roi, échappés à la journée du 10 août, les frères Martin de la Pommeraie, le chevalier de Meignan, Plouzin, Georges Cadoudal, Piron, de la Faucherie, de Jousselin, Ducereau, de Terves du Margat, Beaumont, Terrien dit Cœur de Lion, Goubault dit la Forest, Menard dit Sans Peur, Hodet dit l'Extermine, Bardet, Houdebert dit Monte à l'assaut, Bellanger François, Mercier dit la Vendée, Gourdon de Varades, brave capitaine, Gérard François,

préau. Il fut poursuivi dans sa retraite, mais il la régla si bien en combinant tous ses mouvemens, qu'il inspira à sa troupe autant de confiance que s'il eût remporté la victoire. Il devint dès lors l'espérance de tous les royalistes de cette contrée, qui surent bien vite apprécier ses talens militaires; ils connoissoient d'ailleurs déjà ses vertus et ses grandes qualités, auxquelles une physionomie riante, où la douceur étoit peinte, ajoutoit encore pour lui gagner tous les cœurs.

M. de Bonchamps étoit né en 1760 d'une des plus anciennes familles de la noblesse d'Anjou; il avoit fait de très bonnes études dans sa jeunesse, à l'issue desquelles il entra dans le régiment d'Aquitaine. Il y acquit bientôt la réputation d'un très bon officier, par son application. Ce régiment passa dans l'Inde; il le suivit et se distingua dans cette guerre; il y fut fait

---

Madiot Jean, Lemesle Alexis, le jeune de la Haye (Nely) etc., etc., et l'abbé Martin, curé de Montrevault, qui en étoit le trésorier, d'une famille dévouée aux Bourbons; un de ses frères Martin Tristan, étoit colonel dans l'armée d'Anjou.

capitaine de grenadiers. Quelques années après sa rentrée en France, il épousa Melle de Scépeaux; mais à l'époque de nos troubles politiques, lorsqu'on exigea des officiers un serment contraire à ses principes, il donna sa démission et se retira dans sa terre de la Baronnière, pour se consacrer aux soins de sa famille, attendant la suite des événemens qu'il prévoyoit devoir être funestes à la France.

M. Henri de la Rochejacquelein, qui s'étoit retiré, après le licenciement de la garde de Louis XVI, au château de la Durbelière près Saint-Aubin en Poitou, s'étoit également mis à la tête des mécontens de son pays, qui l'y avoient engagé, et qui tous étoient disposés à soutenir cette guerre. Il ne tarda pas à acquérir parmi eux un haut degré de réputation, avant même de savoir que MM. d'Elbée, Stofflet, Cathelineau, de Bonchamps et autres, se fussent signalés en Anjou, pour le soutien de la cause royale.

Il étoit à peine âgé de 22 ans, grand, d'une belle et agréable physionomie, rempli de moyens et distingué par une éducation conforme à sa naissance. Ces avantages disposèrent d'abord tous les esprits en sa faveur; et joignant à cela une bravoure extrême, une activité extraordinaire et beaucoup d'habileté pour manier un cheval, il lui fallut peu de temps pour mériter la confiance des hommes de son pays, et bientôt de toute la Vendée.

Une colonne de républicains, sous les ordres du général Quétineau, s'étoit portée aux Aubiers dans les premiers jours de l'insurrection. Henri de la Rochejacquelein le sait, et s'y rend pour les attaquer avec ses valeureux paysans. Quétineau est battu; on lui enlève toutes ses munitions. M. de la Rochejacquelein informe aussitôt MM. d'Elbée, de Bonchamps, Cathelineau et Stofflet, de l'avantage qu'il vient de remporter. Ceux-ci étoient dans les environs de Tiffauges, où ils avoient réuni toutes leurs forces, le 18 avril, dans le but d'aller au-devant des républicains, ayant à leur tête les généraux Béruyer et Ligonier; mais les royalistes manquoient de munitions; M. de la Rochejacquelein leur envoya une partie de celles qui étoient tombées en son pouvoir aux Aubiers. Les généraux se mirent aussitôt en marche, à la tête de leur armée qui brûloit d'attaquer; en allant à l'ennemi, ils traversèrent la ville de Chollet, dont les habitants étoient dans de cruelles inquiétudes.

Le 19, l'attaque commença sur les hauteurs, près de la ville. Le combat fut long et sanglant, mais la victoire finit par se décider en faveur des Vendéens. Plusieurs bataillons républicains souffrirent beaucoup, notamment celui du Finistère, qui fut écrasé à raison de sa grande détermination à soutenir la retraite. Ce fut à cette affaire, que les grenadiers de Saumur et de Montreuil, se renfermèrent dans le château du Bois-Grolleau, où ils furent faits prisonniers après une défense courageuse; une compagnie de Vendéens, formée de gardes-chasses, contribua beaucoup à la victoire. Le terrain que cette compagnie avoit parcouru, en poursuivant les républicains depuis Chollet, jusqu'à Vihiers, où les deux partis cessèrent de se battre, étoit jonché de morts. C'est une des belles victoires qu'aient remportées les Vendéens; il y eut des traits extraordinaires de bravoure. On voyoit ces braves paysans se précipiter sur les canons, comme si le feu n'en eût pas été dirigé sur eux. Le nombre des morts fut considérable de part et d'autre, mais l'armée républicaine laissa une partie de ses munitions et de ses bagages.

Après cette mémorable bataille, qui s'étoit prolongée l'espace de quatre lieues, les généraux vendéens eurent l'intention de s'occuper de l'organisation de leurs armées; mais le retour rapide des républicains les empêcha de se livrer à ce travail. Il fallut marcher de nouveau à l'ennemi, qui reparoissoit sous les ordres des généraux Gauvilliers, Béruyer et Ligonier; le premier avoit repassé la Loire, pour pénétrer dans les Mauges, il étoit déjà rendu à Beaupreau; le second, venu d'Angers, s'étoit porté à Chemillé et Trementines, sur la route de Chollet; et le troisième, qui s'étoit avancé par la route de Saumur, occupoit Coron et Vezins.

L'armée vendéenne, se voyant ainsi resserrée par les républicains, les chefs convinrent de réunir toutes leurs forces, qui consistoient dans ce qu'on appeloit déjà la grande armée, et l'armée de Bonchamps, pour aller attaquer les deux colonnes, qui étoient dans les environs de Vezins. Ils les trouvèrent entre ce bourg et Nouaillé, les battirent complétement, et repoussèrent la première jusqu'à Vihiers, qui tomba pour la troisième fois au pouvoir des Vendéens. La seconde qui se retira par Chemillé, eut très peu à souffrir, elle n'en continua pas moins sa route jusqu'aux ponts de Cé. Cette victoire fournit encore aux royalistes beaucoup d'armes, de bagages et de munitions; et la perte qu'ils firent en hommes fut plus que réparée par les recrues qui leur vinrent des communes voisines du Layon et quelques soldats qui désertèrent l'armée de la république, pour se rallier au drapeau de la monarchie. A la suite de ce combat, les généreux Vendéens rentrèrent à Chollet pour y passer la nuit et faire reposer leurs hommes ; ils en partirent dès le lendemain matin pour aller attaquer Beaupréau, qui étoit occupé par un corps de huit mille hommes, aux ordres du général républicain Gauvilliers, comme je l'ai dit plus haut; ils y furent rendus avant midi; ce général étoit absent dans ce moment. Aussitôt leur arrivée, les Vendéens se portèrent au pont, sans vouloir, pour ainsi dire, donner le temps à leurs chefs, de faire des dispositions et de prendre quelques mesures ; c'étoit l'entrée directe de la ville en venant de Chollet : mais ce poste étoit très facile à défendre. La surprise et l'impétuosité de l'attaque, firent que les bleus (nom sous lequel on désignoit déjà les troupes républicaines à raison de la couleur de leurs uniformes), n'eurent pas le temps de se reconnoître; ils n'opposèrent pas à beaucoup près la résistance qu'ils auroient pu; le pont fut emporté et la déroute devint complette. Une partie des soldats jetèrent leurs fusils; l'armée républicaine disparut, laissant fusils, canons, caissons, bagages et ses ambulances, que la nature des chemins ne permettoit pas au reste de conduire facilement dans une marche ordinaire, à plus forte raison dans une fuite semblable. On fit aussi un grand nombre de prisonniers.

M. de Bonchamps décida les généraux vendéens à se porter de suite sur Châlonne, où l'ennemi s'étoit rallié en partie; l'armée y arriva après le coucher du soleil; les officiers se trouvèrent divisés d'opinion; Bonchamps vouloit qu'on attaquât immédiatement, Stofflet s'y opposa, disant qu'il falloit attendre le point du jour, afin d'éviter les méprises, tandis que M. de Bonchamps craignoit que les Vendéens ne se répandissent dans les fermes, et qu'on ne se trouvât pas avoir le matin des forces suffisantes. L'altercation fut vive entre ces deux chefs; Stofflet s'emporta et provoqua M. de Bonchamps, qui, plus sage, lui répondit qu'il n'étoit pas là, pour se battre individuellement. Cette réponse rangea tous les officiers de son côté, et l'attaque eut lieu dans la nuit.

L'événement démontra que Stofflet avoit raison, car on se battit toute la nuit sans avantage, et dès que le jour parut, les insurgés culbutèrent en un instant les républicains qui se retirèrent, n'abandonnant que leurs morts et leurs blessés, parce qu'ils avoient eu le temps pendant la nuit de faire évacuer leurs bagages et leurs munitions; il y avoit eu beaucoup de blessés de part et d'autre.

Voici un fait qui n'est pas sans intérêt, et qui prouve combien dans les révolutions l'exaltation des partis, fait commettre d'injustices.

L'armée vendéenne avoit conservé jusque-là l'habitude de conduire ses prisonniers avec elle: parmi eux se trouvoient tous les Châlonnais, qui avoient été pris à la première affaire de Jallais. On en détacha deux, qui furent chargés de porter aux habitans, une sommation pour se soumettre à l'armée royale; ils s'appeloient Rousseau et Lebrun. Cette mission fit qu'on enferma ces deux messieurs au château d'Angers, sous le prétexte qu'ils avoient exagéré les forces de l'armée royale, et par là découragé les défenseurs de Châlonne. A la suite de cette affaire, M. de Bonchamps se reporta sur Saint-Florent, où il croyoit trouver une partie de l'armée du général Gauvilliers; mais ce corps avoit repassé la Loire et s'étoit retiré à Varades.

Après toutes ces victoires qui avoient enflammé les paysans de la Vendée, et les attiroient encore en plus grand nombre autour de leurs chefs, ceux-ci se livrèrent enfin au travail de leur organisation. Tout le territoire insurgé fut divisé par contrées, dont les habitans formèrent *des divisions*, qui servoient à la composition de chacun des corps d'armée. On comprenoit dans ces divisions plus ou moins de paroisses, selon les localités et autres circonstances. On désigna des chefs pour les commander, et les paroisses furent classées par compagnies, dont le nombre varioit selon la population. Chaque compagnie avoit son capitaine, qui étoit désigné d'après le choix des soldats, et les capitaines choisissoient leurs lieutenans. Lorsqu'on vouloit former un rassemblement, les généraux en prévenoient leurs chefs de division, qui requéroient les capitaines de paroisses, et ceux-ci conduisoient leurs hommes aux lieux désignés pour le rendez-vous; mais la démarcation du territoire de ces divisions ne fut pas d'abord bien déterminée; on laissa quelque temps les capitaines et les lieutenans libres de conduire les hommes de leurs paroisses vers le chef de division, qui leur convenoit le mieux, soit à raison du voisinage, ou d'après la confiance qui les entraînoit vers tel ou tel; ce qui fit que ces divisions n'étoient pas d'égale force.

On désigna aussi pour chacune d'elles des commissaires aux vivres et des adjudans; il fut en outre nommé des commandans de place dans les villes et sur plusieurs points importans de la rive gauche de la Loire.

La cavalerie composa un seul corps formé de plusieurs compagnies, lesquelles se rattachoient ensuite aux divisions. Une grande partie des officiers de l'infanterie, qui étoient montés, se réunissoient à cette cavalerie, comme simples cavaliers, lorsqu'elle prenoit part aux combats; et, dans les mouvemens de retraite, il restoit seulement quelques-uns des principaux chefs pour diriger l'infanterie. M. Domagné, officier distingué qui avoit donné tous ses soins à cette organisation de la cavalerie, en devint le commandant, ayant sous lui M. Forestier et d'autres officiers dont la majeure partie furent tués dans les premières affaires.

Tout ce travail de l'organisation terminé, les généraux mirent l'armée en mouvement et la dirigèrent sur Argenton-le-Château, où les républicains parurent vouloir tenir, ce qui amena un petit combat qui coûta la vie à quelques hommes. De là on se porta sur Thouars, où l'ennemi s'étoit replié. C'étoit le général Quétineau qui défendoit cette place. Elle étoit fortifiée de vieilles murailles, et avantageusement située sur la rivière du Thouet qui servoit à la protéger de deux côtés ainsi que son château. La garnison se composoit d'environ 6000 hommes. Tous ces avantages réunis devoient donner au général républicain l'espérance de s'y maintenir contre l'armée royale qui ne connoissoit guère l'art d'assiéger les places. Les républicains occupoient plusieurs postes en avant de la ville. Les plus avancés se trouvoient au pont de Vrine qu'ils avoient eu la précaution de barricader.

Bonchamps, Lescure, Larochejacquelein, Donissan, d'Elbée, Cathelineau, Stofflet, Marigny s'étoient partagé entre eux les différens points d'attaque ; mais pour arriver à l'ennemi, il falloit passer la rivière, qui n'étoit guéable que dans un seul endroit. Plusieurs la traversèrent à la nage, ce qui donna le moyen de forcer les retranchemens et d'accélérer la retraite de l'ennemi sur la ville. Les Vendéens le débusquèrent si rapidement de toutes ces positions, qu'ils conçurent dès lors l'apparence d'un plus grand succès. Lescure et Bonchamps se firent principalement remarquer à cette première attaque. Toute l'armée se dirigea aussitôt vers la ville, sous les murs de laquelle Quétineau les attendoit avec ses troupes en ordre de bataille. Mais vivement attaqué par les royalistes et bientôt débordé sur ses ailes, il ne vit de sûreté que dans l'intérieur de la ville où il se renferma.

Les Vendéens se précipitèrent aussitôt au pied des murailles qui bordent la place du marché, cherchant à les abattre ou à les escalader, tandis qu'un autre corps, qui s'étoit porté du côté du bac, canonnoit la ville par-dessus la rivière.

Ces vieilles fortifications ne tinrent pas long-temps aux efforts et aux coups des royalistes qui y firent bientôt des brèches, par où les braves pénétrèrent malgré la résistance que leur opposa l'ennemi qui continua de se défendre pied à pied dans les rues; mais il dut céder à l'ardeur des officiers et des soldats vendéens, parmi lesquels M. Henri de Larochejaquelein se fit singulièrement remarquer par sa bravoure au moment de l'assaut.

Quétineau avoit déjà fait arborer le drapeau blanc; mais un bataillon de Marseillois qui faisoit partie de la garnison, le fit retirer par deux fois. Cette troupe de bandits, qui s'étoit portée à tous les excès de l'insubordination et du désordre, montra dans cette circonstance un courage inouï: aussi furent-ils écrasés, de sorte qu'on pourroit dire que la ville fut prise d'assaut, ou qu'elle fut rendue par le général Quétineau. Les chefs royalistes lui proposèrent de se joindre à eux; il les en remercia dans la crainte d'être envisagé comme traître, leur disant qu'il préféroit se retirer dans sa famille, quoiqu'il s'attendît à être sacrifié. Son pressentiment se réalisa, car il ne tarda pas à être mis en jugement et condamné à mort par les républicains.

La prise de Thouars, qui eut lieu le 5 mai 1793, mit les Vendéens dans un enthousiasme qui seroit difficile à décrire. Douze pièces de canon, six mille fusils, beaucoup de munitions, et cinq mille prisonniers furent le résultat de cette conquête.

Les Vendéens partirent de Thouars pour se rendre à la Châtaigneraie, où les républicains avoient une armée, qui servoit à couvrir Fontenay-le-Comte, dont les prisons étoient encombrées de royalistes. L'armée royale les attaqua le 10 mai à la Châtaigneraie. Les républicains y furent encore battus, et perdirent une partie de leur artillerie, des bagages, et beaucoup de prisonniers. L'armée poursuivant sa marche, se porta sur Fontenay, traînant avec elle vingt-cinq pièces de canon de différens calibres. Quoiqu'elle fût bien diminuée, Bonchamps étoit rentré en Anjou avec ses troupes, pour surveiller les bords de la Loire; quelques autres chefs étoient aussi retournés dans leur pays avec tout leur monde. Les généraux d'Elbée, de Larochejaquelein, de Lescure et Stofflet étoient à la tête de ce qui restoit; mais indépendamment de cette première réduction de forces, en partant de la Châtaigneraie, Stofflet eut la présomption de dire, à la tête de l'armée, qu'on n'avoit même pas besoin d'autant de monde, puisqu'on n'alloit à Fontenay que pour tirer des prisons tous les honnêtes gens qui y étoient renfermés. Ce propos fut cause que beaucoup d'hommes partirent encore. Cette diminution d'officiers et de soldats n'empêcha pas les généraux de conduire avec eux toute leur artillerie et leurs munitions. Ce fut le 16 mai qu'ils arrivèrent devant Fontenay-le-Comte, une des principales villes du Poitou, située dans une plaine vaste et fertile. Ils attaquèrent l'ennemi avec leur impétuosité ordinaire; mais l'armée s'étant déployée dans la plaine, on s'aperçut bientôt qu'il auroit fallu plus d'officiers à la tête de cette troupe irrégulière. Elle ne put résister à une charge de cavalerie républicaine, qui fut dirigée à propos sur son flanc.

Cette manœuvre, bien calculée de la part de l'ennemi, lui procura non-seulement la victoire, mais elle porta un tel trouble parmi les royalistes, qu'elle les mit dans une déroute complette; beaucoup des leurs furent tués, et un grand nombre faits prisonniers. Ils perdirent toute leur artillerie et leurs munitions.

Les républicains n'eurent point égard, dans cette malheureuse journée, à la modération et aux traitemens généreux qu'avaient éprouvés leurs troupes à Thouars et à la Châtaigneraie; les royalistes avoient renvoyé presque tous leurs prisonniers, et n'avoient exigé dans ces villes que le logement et des vivres pour le temps qu'ils y séjournèrent. Ces pieux soldats s'étoient portés dans les églises, à l'issue de leurs victoires, pour sonner les cloches, et se jeter aux pieds des autels, voulant avant tout remercier Dieu de les avoir exaucés. C'étoit dans ces saints lieux qu'ils alloient, en général, déposer toute idée de meurtre et de ressentiment. Les propriétés particulières furent toujours respectées et conservées par eux ; ils ne faisoient de butin que sur les effets appartenant aux armées ou aux administrations. Les républicains tinrent à Fontenay une conduite bien opposée, puisqu'ils fusillèrent un grand nombre de nos prisonniers.

A la suite de ce revers, dont les généraux informèrent M. de Bonchamps, ils convoquèrent, chacun dans leur pays, de nouveaux rassemblemens qui vinrent se réunir, les uns à Chollet, les autres à Châtillon, pour partir de là, et retourner immédiatement sur Fontenay.

Les Vendéens n'avoient pu sauver qu'un seul canon dans leur déroute. Bonchamps en amena trois avec lui, une pièce de huit et deux de quatre.

Ce fut avec cette foible artillerie qu'ils reprirent la route de Fontenay, au nombre de vingt à vingt-cinq mille hommes. Les soldats regrettoient par-dessus tout la perte qu'ils avoient faite de leur pièce de dix appelée *Marie-Jeanne*. M. d'Elbée fit publier que le premier soldat qui s'en empareroit recevroit une récompense. Cette promesse fit que tous les soldats s'attachèrent à se porter sur l'artillerie, dès le début du combat. Ils avoient affaire à des troupes abondamment pourvues de munitions de toute espèce et d'une nombreuse artillerie, tandis qu'eux étoient très-mal armés, et, pour ainsi dire, sans cartouches, n'ayant qu'un seul caisson pour quatre pièces. Leur insigne courage suppléa à tout, puisqu'à la vue des ennemis, animés par leurs chefs, ils se précipitèrent avec une incroyable témérité sur les batteries et les emportèrent.

La cavalerie ennemie voulut essayer de les tourner, comme dans le précédent combat, avec l'espoir de les enfoncer et de les vaincre ; mais les généraux vendéens qui n'avoient point oublié la principale cause de leur dernier échec, profitèrent de la leçon, pour disposer ce jour-là leurs troupes de manière à les garantir le plus possible des charges de la cavalerie, et à faire usage de la leur ; ce qui réussit par le zèle et l'intelligence de M. Domagné, qui, ce jour-là, marchoit à sa tête avec M. de Larochejaquelein. Ces bonnes dispositions étant faites, l'attaque commença et les soldats animés par Cathelineau, Bonchamps, Marigny, Lescure, Fleuriot, Forestier, etc., etc., eurent un plein succès ; les républicains furent mis à leur tour dans une déroute complette. Le combat dura peu, il y eut néanmoins d'un côté comme de l'autre un grand nombre de tués et de blessés : parmi ces derniers, se trouvoit malheureusement M. de Bonchamps, qui, emporté par son ardeur, étoit entré dans la ville, après la bataille, accompagné seulement du brave Lescure et d'un simple cavalier. Il y restoit encore quelques soldats républicains, qui leur demandoient grâce, lorsqu'un de ceux-là, prêt à rendre son fusil, le ressaisit et s'en sert pour ajuster Bonchamps, qu'il blesse à la poitrine. Les Vendéens qui suivoient en foule, apprenant cette perfidie, s'en vengèrent aussitôt sur les vaincus. Lescure vola aux prisons, pour en faire ouvrir les portes, d'abord aux Vendéens qui avoient été pris dans le combat précédent, et aux soi-disant aristocrates, qui y étoient détenus depuis long-temps et dont la plupart étoient voués à la mort.

Dans la poursuite des vaincus, les Vendéens s'emparèrent de beaucoup de canons; l'un d'eux reconnoît de loin *Marie-Jeanne*, il s'élance aussitôt sur l'escorte, et secondé par ses camarades, il s'empare de cette pièce chérie des Vendéens et la ramène au camp, où son retour excita l'enthousiasme général.

Cette journée coûta aux républicains environ deux mille hommes, tant tués que blessés ou faits prisonniers, quarante pièces de canon, beaucoup de fusils et des munitions de toute espèce; les Vendéens firent aussi une saisie considérable d'assignats que les paysans brûlèrent par dédain pour cette sorte de monnoie.

Je n'ai pas l'intention de prolonger plus loin cette relation de la guerre de la Vendée, déjà tant de fois décrite; j'ai seulement voulu raconter de quelle manière elle commença dans mon pays, j'ai tracé ce récit à l'aide des notes de M. le maréchal-de-camp Soyer, comme je l'ai déjà dit, ce qui m'a mis dans le cas de prouver que les habitans des Mauges n'ont pas eu besoin d'être excités pour courir aux armes, toutes les fois qu'il s'est agi de relever l'autel et le trône des Bourbons.

Ce récit doit suffire, à ce qu'il me semble, pour donner une idée du caractère de cette guerre terrible, et de la bravoure que les Angevins y ont déployée; ceux qui désireront avoir des détails plus étendus sur cette première époque et en connoître la suite, devront recourir aux différens ouvrages qui en parlent : ils y verront avec quelle persévérance les Vendéens ont soutenu leur opinion politique, et tout ce que nos guerriers d'Anjou firent encore d'admirable. Je regrette néanmoins de ne point parler de tant de batailles dans lesquelles ils figurèrent si généreusement dans la suite, notamment à la prise de Saumur, victoire à l'issue de laquelle on décerna à l'un de ces dignes Angevins le titre de généralissime.

Ce choix honore pour ainsi dire autant ceux qui le firent, que Cathelineau lui-même, quoiqu'il se fût rendu digne de cette préférence, même à son insu, tant il étoit modeste. Honneur donc aux gentilshommes qui contribuèrent à cette élévation! Ils eurent le mérite remarquable, dans un temps où on leur reprochoit de ne pas aimer l'égalité, le mérite, dis-je, de mettre de côté toute susceptibilité d'amour-propre, en choisissant pour les commander, un simple paysan dans lequel ils virent avant tout de grands moyens et de grandes vertus.

Que n'entre-t-il dans le plan de cet ouvrage d'ajouter à ce dernier fait tout ce que j'ai appris de mes compatriotes, sur l'intarissable sujet de la guerre de la Vendée, dans laquelle ils étoient acteurs ! Je mettrois du prix à voir le lecteur s'attendrir avec moi sur les grands revers que les Vendéens éprouvèrent dans la suite et les situations désastreuses où se trouva tant de fois cette population en masse ; je jouirois de le voir applaudir à tant de difficultés vaincues et aux succès incompréhensibles qu'ils obtinrent en deçà et au-delà de la Loire ; il gémiroit, sans doute, au tableau de tant de familles honnêtes, de vieillards et d'enfans fuyant leur pays, à la vue de leurs maisons incendiées par les ordres cruels de leurs ennemis ; dans quelle indignation n'entreroit-il pas contre ces hommes qui furent assez féroces pour obéir à leurs mandataires, en massacrant jusqu'aux enfans, ou les ravissant, pour les soustraire à leurs parens et dépeupler le pays ! La plupart de ceux-là n'ont jamais été retrouvés par ceux des leurs qui ont échappé à la mort, et plusieurs existent encore, sans savoir de qui ils sont nés !

De combien d'hommes je serois heureux de pouvoir parler, pour vanter leur dévouement, leurs vertus, leurs talens militaires et leur héroïsme !

Je ne puis néanmoins résister au désir que j'ai d'en nommer quelques-uns avant de finir ce chapitre, en désignant autant qu'il me sera possible les lieux et les occasions où ils se sont le plus distingués : plusieurs de ceux-là d'ailleurs reparoîtront sur ce théâtre du dévouement à l'époque de la courte guerre des cent-jours, dont j'ai annoncé vouloir raconter quelques particularités.

MM. de Fleuriot, les deux frères, (l'aîné fut tué devant Nantes, le chevalier, général très honoré, commandoit en second l'armée de Bouchamps) de Rostaing, de la Bouëre, Berard, de Jousselin, le brave Piron, vainqueur à Coron le 16 septembre 93, de Langrenière, également à Coron.—Cady à l'attaque du pont Barré au mois de septembre 1793 : il remporta à la tête de la division de Chemillé une victoire complette sur les républicains qui étoient en nombre bien supérieur, occupant une très belle position, et commandés par le général Duhoux; le chevalier de La Sorinière, un des commandans de la division de Chemillé, se signala dans cette même attaque par sa bravoure et son activité.—Jean Bernier de Saint-Lambert, garçon meûnier et simple cavalier, contribua puissamment au gain de cette bataille: ce Vendéen, aussi brave qu'il étoit intelligent, se porta de son propre mouvement au pont de Bezigon, situé à une demi-lieue au-dessous de celui du pont Barré; il y arriva en même temps que lui beaucoup de détachemens de soldats vendéens qui ne se trouvoient point avoir d'officiers marquans à leur tête; ce pont qui avoit été coupé ne paroissoit pas être gardé par l'ennemi. Pour s'en assurer, Bernier passe la rivière à la nage sur son cheval; il revient bientôt et se faisant aider pour rétablir le pont, trois mille Vendéens ne tardent pas à passer dessus. Guidés ensuite par Jean Bernier à travers les champs, les vignes et les sentiers du coteau opposé, ils arrivent rapidement sur les derrières des républicains, et tombent sur eux à l'improviste. Au moment où ceux-ci s'avançoient pour résister à l'attaque de front, Bernier s'empare dans ce moment d'un drapeau dont il se sert pour exciter l'ardeur de ses compagnons ; les républicains, effrayés de ce mouvement brusque et imprévu, cèdent sur le point principal et s'enfuient dès lors de toutes parts ; ils furent poursuivis avec la plus grande vigueur jusqu'au pont de Cé, laissant derrière eux beaucoup de morts avec un grand nombre de prisonniers, de canons et de caissons. — Le comte d'Autichamp à Chantonay, à la Roche d'Evigné et devant Nantes. Forestier, officier supérieur, distingué, d'une bravoure remarquable: on le voyoit souvent aux côtés de Larochejaquelein. — De Scepaux, beau-frère de Bonchamps, officier général qui s'est constamment fait remarquer par sa valeur et son activité, notamment à la malheureuse affaire du Mans. — Martin de la Pomeraye, aide-de-camp de Bonchamps, et ses frères. Les trois frères Soyer, aussi dévoués qu'ils étoient braves ; ils se distinguèrent particulièrement à Dole en Bretagne. — Le prince de Talmont à l'affaire du Mans, et dans son interrogatoire avant de monter à l'échafaud. — Chetou brave officier commandant des postes de la Loire dans les environs de Champtoceau, Legeay de Saint-Georges, Avril de Coron, Avril Jacques du Mai, Forêt de Chanzeau, Leroi de Mozé, Lhuilier, chef de la division de Beaupréau, constamment dévoué. — Le chevalier de Turpin à la tête des compagnies bretonnes au passage de la Loire. — De La Beraudière, Philippe et Victor, ce dernier commandant les chasseurs de l'armée d'Anjou sous les ordres de M. d'Autichamp; le chevalier de Vezins, Nicolas, chef de la division de Chollet; Chalons, brave officier supérieur de Chemillé, etc., etc.

Et enfin leurs premiers généraux dont je me plais à rappeler encore une fois les noms avant de finir ce chapitre de la première guerre.

L'estimable et vertueux Cathelineau. — D'Elbée, toujours brave, toujours résigné. — Stofflet, sujet dévoué à l'excès, ardent et habile général, sachant surmonter toutes les difficultés. — Bonchamps, aussi habile général qu'il étoit humain. — Henri de Larochejaquelein, l'idole des Vendéens!

DEUXIÈME PARTIE.

SITUATION DE LA VENDÉE D'ANJOU A L'ÉPOQUE DU RETOUR DE L'USURPATEUR EN FRANCE.

Après avoir lu et entendu raconter tous ces combats glorieux, j'étois loin de penser que les habitans de ce pays célèbre et malheureux, qui s'occupoient sans relâche à rebâtir leurs habitations presque toutes incendiées dans la guerre, trouveroient encore l'occasion de prouver qu'ils ne changent point de principes et d'opinion au gré des personnes et des temps.

Buonaparte tombe, les Bourbons nous sont rendus; Louis XVIII apparoît sur son trône; la Vendée au comble du bonheur oublie un instant ses infortunes à la vue surtout de monseigneur le duc d'Angoulême, qui daigna venir la visiter au mois de juillet 1814 et qui fut reçu par elle avec des démonstrations d'amour impossibles à décrire.

Voici des couplets qui lui furent chantés, dans lesquels on retrouve une expression si fidèle de leurs sentimens, que je ne puis me défendre de les rapporter ici. (1)

> Lorsqu'en des jours trop malheureux,
> Pâlissoit l'astre de la France,
> Quand des cœurs les plus valeureux
> Sembloient perdre toute espérance,
> L'antique honneur, la sainte foi,
> Brillèrent dans cette contrée :
> Mourir pour son Dieu, pour son Roi,
> Fut le serment de la Vendée.

> Dans vos mains nous renouvelons
> Ce vieux serment de la vaillance ;
> O digne héritier des Bourbons,
> O Prince, idole de la France !
> Nous le jurons par vos malheurs,
> Nous le jurons sur notre épée,
> Notre sang, nos biens et nos cœurs,
> Tout est à vous dans la Vendée.

---

(1) Composés par M. Tobin, capitaine au régiment de Walsh avant la révolution, et depuis officier vendéen.

>Daignez dire à notre bon Roi
>Que nous le bénissons sans cesse ;
>Que nous retrouver sous sa loi,
>A mis le comble à notre ivresse ;
>Dites que de nos étendards
>Pour vous la foule s'est levée ;
>Dites qu'un seul de vos regards
>Fit le bonheur de la Vendée.

Mais une nouvelle épreuve étoit réservée à ce peuple fidèle ; le génie du mal ramena bientôt Buonaparte. Le Roi trahi par la majeure partie de l'armée qu'il avoit comblée, en lui conservant ses titres, ses grades et ses traitemens, fut contraint d'abandonner sa capitale. Il se dirigea vers la Flandre ; que ne vint-il dans la Vendée ? Respectons la politique de Louis XVIII ; mais à cette nouvelle inattendue les Vendéens furent frappés de stupeur. Néanmoins le duc de Bourbon étoit arrivé à Angers.

Quelques anciens chefs essayèrent aussitôt dans tout le département d'électriser la population ; à Angers, comme à Paris et dans le reste de la France, des volontaires royalistes se présentèrent en foule pour recevoir des armes et s'enrégimenter. Le comte de la Potherie qui fut désigné pour les commander à Angers, donna dans cette occasion de nouvelles preuves de son dévouement. Efforts inutiles ! beaucoup de gens, qui brûloient d'agir pour le Roi, furent arrêtés dans leurs bonnes intentions parce que des fonctionnaires perfides avoient tout prévu d'avance, en chargeant leurs émissaires, (hommes assez prépondérans) d'arrêter l'action des royalistes dans notre département.

Il s'établit alors une sorte de défiance entre les autorités, que l'on a peut-être accusées bien sévèrement de faiblesse ; elles manquèrent d'accord, ce qui n'étoit pas étonnant dans une crise semblable ; Louis XVIII et Napoléon régnant pour ainsi dire à la fois. Il est certain qu'aucun des chefs ne parut oser prendre sur lui seul la responsabilité des évènemens. Monseigneur le duc de Bourbon auroit peut-être pu trancher bien des difficultés ; mais on avoit eu soin de lui préparer toute sorte d'obstacles ; et ce prince malheureux, sans argent, traversé dans ses plans, étonné du pénible rôle qu'on lui imposoit, se décida à quitter Angers. Il étoit temps, puisque les troupes de la garnison, exaltées par la nouvelle de l'entrée de Buonaparte dans Paris, arboroient déja la cocarde tricolore.

M. d'Autichamp prit soin d'assurer la marche du Prince dans le trajet qu'il avoit à faire jusqu'à Beaupreau, où Son Altesse avoit l'intention de se rendre : ce fut M. Louis de la Paumelière qui fut chargé de l'accompagner.

Il descendit au château de madame la maréchale d'Aubeterre. Il se trouvoit alors au sein de la Vendée, mais on y manqua du temps nécessaire pour déterminer le mouvement de ses habitans, de ces vieux soldats de la fidélité, que la nouvelle inattendue du départ du Roi pour les Pays-Bas avoit remplis d'inquiétude sur l'avenir; et malgré les efforts que firent plusieurs généraux et autres officiers, il fallut remettre à un autre temps le noble projet de prendre les armes. S. A. S. dut encore céder à la force des circonstances que la rapidité des évènemens de Paris rendoit de jour en jour plus alarmantes.

Ce prince prit la résolution de s'éloigner de nous pour le moment et d'ajourner l'exécution d'un plan qui devoit réussir si les dispositions de sa mission dans nos provinces eussent été faites par de vrais amis du Roi.

Le départ du prince de Beaupreau étant arrêté, de fidèles royalistes se chargèrent de conduire secrètement S. A. S. de châteaux en châteaux afin de garantir ses jours ; du nombre de ces serviteurs zélés, furent MM. l'Huilier et le marquis de Civrac ; ce dernier accompagna le prince depuis Beaupreau jusqu'au château de la Forest, chez Mme d'Asson. Dans la nuit du 25 au 26 mars, et dans la nuit suivante, M. Dudoré le mena à la Setière, chez Mme des Mesliers sa sœur ; dans celle du 26 au 28, M. le marquis de la Bretesche et M. de Thouaré vinrent le prendre pour le diriger dans les environs de Nantes : ils le conduisirent au château de la Maillardière, appartenant à Mme de la Bretesche la mère, chez laquelle il séjourna deux jours et une nuit. De là le marquis de Liniers le conduisit le 29 au soir, au château de la Hibaudière, au-dessous de Nantes, proche la fonderie d'Indret ; et le 31 mars un bateau transporta Son Altesse dans la rade de Paimbœuf, où elle trouva un bâtiment qui lui avoit été préparé par les soins de plusieurs royalistes, particulièrement de MM. Henri de la Roche-Saint-André, Pelloutier, consul de Prusse à Nantes ; démarche pour laquelle plusieurs autres royalistes se donnèrent des soins; entr'autres MM. de Sesmaisons, Charles de la Roche-Saint-André, du Guigny, etc. Plusieurs de ces Messieurs qui m'ont parlé de ce pénible voyage, ne tarissoient pas d'éloges sur le noble caractère de ce prince malheureux, comme sur sa bonté, sa reconnoissance et ses attentions particulières envers eux. Nos regrets accompagnoient, avec une bien vive amertume, ce dernier fils du grand Condé; nous nous flattions néanmoins de le revoir bientôt parmi nous, d'après ses promesses et les ordres qu'il laissa à plusieurs chefs en partant; deux de ses aides-de-camp, MM. de Marans et de Cheffontaine, maréchaux de camp s'en revinrent de Beaupréau à Angers, où ils me firent part de toutes ces dernières circonstances. Notre liaison datait de Worms en 1891. Le dernier avoit fait toutes les campagnes de l'armée de Condé, comme aide-de-camp de M. le duc d'Enghien; et nous convînmes, en nous séparant, des moyens de correspondre ensemble, comme ils s'en étaient ménagé d'un autre côté, pour avoir des nouvelles du Prince et l'informer de ce qui se passeroit dans notre pays.

Il sembloit alors démontré que le feu sacré de

la Vendée étoit éteint, Buonaparte se le persuada et s'en réjouit; mais il ne tarda pas à savoir que le véritable homme d'honneur, qu'il soit noble ou paysan, peu importe, ne se dispense jamais de ses sermens, et qu'il reste toujours fidèle quand bien même ses services seroient oubliés et méconnus.

Les Vendéens, remis de leur premier étonnement, ayant appris que le Roi étoit passé à l'étranger pour réclamer l'appui des souverains ses alliés, pensèrent unanimement qu'il étoit de leur devoir de seconder les vues du Monarque, en établissant un point de diversion par une révolte ouverte contre Buonaparte et ses adhérens. On refusa donc, dans la plupart des provinces de l'Ouest, à payer les impôts au souverain illégitime comme à lui fournir des recrues. L'usurpateur, instruit d'une telle résistance, cherche d'abord à en arrêter les progrès jusqu'à ce qu'il puisse en châtier les principaux moteurs. Treize départemens furent de suite mis hors la loi, et des listes de proscription établies dans toutes les contrées disposées à la rebellion; mais autant le danger paraît imminent aux Vendéens, autant augmente leur détermination. Ils jugent qu'il est plus prudent de prendre les armes avant que les renforts de troupes que Buonaparte se propose d'envoyer dans leur pays pour les contenir, se soient rendus maîtres de quelques postes importans.

N'allez pas croire que cette résolution, qui fut presque générale, ait été provoquée par les anciens chefs, ou les émigrés rentrés dans leurs propriétés ; la plupart, anciens soldats de Condé, n'aspiroient qu'à l'honneur de servir, comme volontaires, dans les rangs des Vendéens. Non, le royalisme est une sorte de production indigène de nos bocages, qui germe dans le cœur des hommes dès leur plus tendre enfance, et que les femmes mêmes savent toujours entretenir. Ce dernier mouvement n'eut pas besoin d'être suscité par les nobles, pas plus que celui de 1793 ; on le dut à l'indignation générale de toute la population contre l'usurpateur et les parjures : en voici une preuve. J'étais au courant de tout ce qui se passait dans notre arrondissement de Beaupreau, et j'y faisois de fréquens voyages, désireux de ne pas être pris au dépourvu. J'attendois donc les évènemens comme plusieurs de mes amis, afin de ne point contribuer à allumer la guerre civile, qui n'auroit pas eu la masse des habitans pour en soutenir l'action, dans l'espérance d'obtenir des résultats utiles à mon pays. C'est ainsi que j'ai toujours conçu le vrai patriotisme. Un grand nombre de simples habitans cherchèrent donc, comme dans la première guerre, à convaincre les hommes les plus marquans qu'il falloit absolument prendre les armes ; système dont ceux-ci étoient parfaitement d'accord, mais auquel ils étoient bien aises de voir prendre d'aussi profondes racines.

Enfin, arrivé un des derniers jours d'avril à la terre que je possède dans cet arrondissement, plusieurs métayers, capitaines de paroisses, les nommés Sechet, Gourdon, Cesbron et des meuniers, officiers de cavalerie, Humeau et Braux avec lesquels j'avois des relations habituelles, me sachant arrivé, vinrent me trouver, se plaignant du retard qu'on mettoit à prendre les armes, disant qu'il étoit bien temps de rassembler tout le monde. Nous sommes décidés, m'ajoutèrent deux de ces braves gens, à aller chercher notre général, M. d'Autichamp, qu'on désire ardemment voir arriver; deux officiers devoient se réunir à eux, et cette petite députation se rendit effectivement auprès de cet ancien commandant de l'armée d'Anjou, pour lui dire qu'on l'attendoit afin de commencer la guerre; que plusieurs officiers secondaires avoient déjà organisé de petites troupes, entre autres MM. Thareau, chirurgiens au bourg de Saint-Quentin, où ils tenoient leur quartier: que ces détachemens commençoient à inquiéter fortement les gendarmes et les garnisons de Beaupréau, Chollet et Chemillé; qu'ils avoient même échangé quelques coups de fusil avec l'ennemi dans une rencontre auprès de Jallais, où le brave et intrépide capitaine Robert, surnommé le marquis de Carabas, cabaretier de la Pottevinière, avoit péri d'un coup de feu, perte qui fit d'autant plus de peine à ses chefs et à ses compagnons, que cet homme, qui avoit la confiance de ses camarades, étoit un des plus entraînans de notre pays.

Tous ces premiers partisans demandoient des chefs; ils étoient convaincus qu'aussitôt que leur général seroit dans le pays, ils ne manqueroient pas d'officiers, et que les choses marcheroient. M. d'Autichamp qui connoissoit toutes ces circonstances, épioit depuis long-temps le moment où il pourroit se montrer. Son ami, M. de Suzanet, qui étoit déjà rendu dans la partie où il commandoit autrefois, venoit de lui écrire une lettre, qu'il m'avoit adressée, pour la lui faire passer, dans laquelle il lui faisait part des nouvelles qu'il avoit reçues de l'Angleterre, où M. Louis de Larochejaquelein étoit allé solliciter du gouvernement des armes et des munitions, dont l'arrivée devoit être très-prochaine sur la côte.

Le souvenir du dévouement de M. d'Autichamp à la monarchie, sa valeur en différens combats de la première guerre, la bonté de son caractère, son affabilité naturelle et ses manières affectueuses avec tous les Vendéens, officiers et soldats, joints à son ancien titre de commandant de l'armée d'Anjou et du Haut-Poitou, depuis la mort de Stofflet, lui valurent le témoignage d'attachement, bien naturel, de la part de ses compagnons d'armes. Il avoit d'ailleurs un autre titre aux yeux des hommes qui tenoient aux choses justes et régulières : il étoit lieutenant-général, et avoit été nommé par le roi commandant la subdivision militaire, dont le département de Maine-et-Loire faisoit partie; droit bien positif à commander dans la Vendée-d'Anjou. Aussi il n'hésita pas à venir se mettre à la tête de ses anciens compagnons d'armes. Il partit de chez lui avec les envoyés qui étoient allés le chercher, pour se rendre au château du Lavoüer, appartenant à MM. de la Paumelière, qui, dans cette occasion, comme à plusieurs époques de la guerre, fut l'asile de tous les royalistes, et pour eux une maison de prédilection. M. d'Autichamp y établit tacitement son quartier-général, faisant journellement des incursions pour se montrer dans le pays.

Nous étoit-il possible à nous tous, vieux serviteurs du Roi, de ne pas répondre à ces démarches comme aux sollicitations des braves paysans qui nous provoquoient avec tant de noblesse et de désintéressement, pour soutenir de nouveau la cause que nous chérissions depuis notre enfance ? Quand bien même je n'eusse pas été porté d'inclination à m'associer à cette entreprise hasardeuse, j'aurois eu bien de la peine à m'exposer au blâme de ces hommes courageux, auxquels je devois plutôt donner l'exemple des sacrifices, dans la position où je me trouvois placé par rapport à eux. N'étoit-ce pas, au surplus, une obligation à tous les Français de prendre un parti dans cette circonstance du retour de Buonaparte, qui nous présageoit de nouvelles révolutions ? Je devois donc me prononcer non-seulement à ces titres, mais encore comme chevalier de Saint-Louis; et comme officier supérieur du corps royal de l'artillerie, dans lequel je venois d'obtenir de nouvelles lettres de service; ne s'agissoit-il pas de défendre la cause du Souverain légitime, auquel j'avois fait le serment d'obéir, surtout ayant dans les mains sa dernière ordonnance, qu'il est à propos de consigner ici ?

ORDONNANCE DU ROI.

« Louis, par la grace de Dieu, Roi de France et de Navarre, à tous ceux qui ces présentes verront, salut.

« La trahison de presque tous les corps de l'armée destinée à défendre la patrie, rendant indispensable de changer entièrement les mesures que nous avons cru devoir prendre;

« Voulant prévenir de nouveaux malheurs dont nos peuples sont menacés par la présence de Napoléon Buonaparte sur le territoire Français;

« Considérant que la conscription a été abolie par le 12° article de la Charte constitutionnelle et que le recrutement de l'armée de terre et de mer n'a pu être déterminé par une loi;

« Vu l'article 14 de ladite Charte, qui met à notre disposition toutes les forces de terre et de mer;

« Considérant que par le même article de la Charte, il nous appartient de faire et de publier les ordonnances et les règlemens nécessaires à la sûreté de notre royaume; que nous avons été solennellement invité par la Chambre des Pairs et par la chambre des Députés des départemens, dans leur adresse du 17 de ce mois, à faire usage de cette autorité dans toute son étendue;

« Considérant enfin qu'à tous les pouvoirs dont nous investissent dans les temps ordinaires notre titre royal et la Charte constitutionnelle, viennent se réunir, dans une crise si périlleuse, tous ceux que le danger, la confiance, la volonté de la nation et le vœu exprimé par ses représentans, nous imposent le devoir d'exercer;

« A ces causes, nous avons ordonné et ordonnons ce qui suit :

« ART. 1er Il est défendu à tout Français, soit qu'il ait fait précédemment partie de nos troupes, soit qu'il n'ait point servi, d'obéir à aucune prétendue loi de conscription, de recrutement ou à tout ordre illégal quelconque qui émaneroit de

Napoléon Buonaparte, de tout corps ou autorités politiques, civils et militaires qu'il pourroit appeler ou établir, ou qui lui auroit obéi depuis le 1ᵉʳ mars 1815, ou qui lui obéiroit à l'avenir.

« 2. Il est pareillement défendu à tous gouverneurs, et aux officiers-généraux commandant dans nos divisions militaires et dans les départemens de notre Royaume ; aux officiers de notre gendarmerie royale, et à tout gendarme qui en fera partie; à tout colonel, major ou chef de corps, comme aussi à tous les amiraux et aux officiers de notre marine royale, aux préfets maritimes et aux commandans de nos ports et arsenaux, à tous préfets, sous-préfets, maires ou adjoints de maire, d'exécuter ou de faire exécuter aucune des prétendues lois de conscription, ou de recrutement ou aucun des actes ou ordres illégaux, mentionnés dans l'article précédent.

« 3. Tout Français qu'on voudroit contraindre à s'enrôler sous les drapeaux de Napoléon Buonaparte est autorisé par nous à s'y soustraire, même à main armée.

« 4. Tout gouverneur ou officier-général commandant dans nos divisions militaires ou dans les départemens de notre Royaume, tout colonel, major ou chef de corps, tout commandant de nos places, forteresses ou postes de guerre, tout officier de nos corps royaux du génie et de l'artillerie, tout amiral, vice-amiral, ou autre officier de notre marine royale, préfet maritime et commandant de nos ports ou arsenaux, qui, au mépris du serment qu'il nous a prêté, auroit adhéré au parti de Napoléon Buonaparte, sera destitué, privé de toute solde d'activité ou pension de retraite pour l'avenir, à moins qu'après avoir eu connaissance de notre présente ordonnance, il ne rentre à l'instant dans son devoir envers nous.

« 5. Nous licencions par la présente ordonnance tous officiers et soldats des corps de terre et de mer qui, entraînés par des chefs qui nous ont trahi, auroient participé à la révolte et passé momentanément sous le commandement de Napoléon Buonaparte, ou de ses adhérens, et nous ordonnons à cesdits officiers et soldats de se rendre sur-le-champ dans leurs foyers.

« 6. Nos ministres de la guerre et de l'intérieur, sont chargés, chacun en ce qui les concerne, de l'exécution de la présente ordonnace.

« Donné à Lille, le vingt-troisième jour du mois

de mars de l'an de grace mil huit cent quinze et de notre règne le vingtième.

Signé, LOUIS.

Et plus bas par le Roi,
en l'absence du ministre secrétaire d'État de la guerre,

Le ministre d'État,

Signé, FRANÇOIS DE JAUCOURT.

Pour copie conforme :

Le ministre secrétaire-d'État de la guerre,

Signé, LE DUC DE FELTRE.

Je n'entends cependant pas juger ici la conduite de beaucoup de personnes de ma connoissance, la plupart mes amis et très bons royalistes. En révolution, ces sortes de jugemens peuvent manquer de justice, et nous en avons eu bien des preuves dans la nôtre. Il y a tant de circonstances dans la vie, qui changent la position des hommes, que tel mérite souvent plus d'éloges en paraissant faire peu, qu'un autre qui auroit fait davantage. Des motifs de santé, des raisons de famille, ou l'intention de servir la cause du Roi d'une autre façon, ont pu ne pas permettre de prendre immédiatement les armes à des individus, sur lesquels on avoit lieu de compter, à raison de leurs sentimens et de leur âge. Aussi je puis dire avec la franchise dont je me fais gloire, qu'il y a dans notre pays des royalistes qui ne s'armèrent pas et que j'estime autant et même davantage que quelques autres qui se vantoient beaucoup de leur détermination. J'en connois d'ailleurs qui payèrent leur tribut à la monarchie d'une autre manière.

Nous abandonnant donc aux desseins de Dieu sur la Vendée, nous prîmes la résolution de suivre cette instigation d'un armement contre Buonaparte. Mais que de mystères à garder, ou à ne confier qu'à des amis choisis pour parvenir à mettre sous les armes toute cette population d'un territoire de douze lieues carrées, territoire qui étoit alors gardé par des troupes de ligne avec une gendarmerie active et soupçonneuse : 4,000 hommes environ se trouvoient cantonnés dans les villes de Beaupreau, Chollet, Chemillé, Saint-Florent et autres bourgs de l'arrondissement. Ils étoient commandés par un général expérimenté dans ce genre de guerre, et qui avoit l'avantage d'être propriétaire dans le pays, par conséquent plus à même de s'éclairer que tout autre. C'étoit M. le général Travot que Buonaparte y avoit placé pour surveiller ce peuple rebelle à son gouvernement.

A peine le général d'Autichamp fut-il arrivé au château du Lavoüer, que cette maison se trouva mise sous la sauve-garde d'une foule de vieux Vendéens accourus pour voir leur ancien chef. Ils s'offroient tous d'être les gardiens de ce quartier-général secret, se distribuant eux-mêmes sur les chemins qui aboutissoient à ce lieu déjà rempli de royalistes, ces braves tenoient cependant encore leurs armes cachées, pour qu'on ne devinât rien; mais prêts à les saisir en cas de surprise de l'ennemi, qui, se trouvant en force à deux lieues de là dans la ville de Chemillé, auroit pu venir cerner le château et tenter d'enlever le général avec les officiers qui se trouvoient autour de lui.

Rien de ce qui se passoit parmi nous ne parvint aux oreilles de nos adversaires, le secret de nos prochaines opérations, déjà connu d'une grande partie de ceux qui devoient se réunir autour du drapeau blanc, fut scrupuleusement gardé.

Les Vendéens sont naturellement discrets, c'est une vertu qui les caractérise, et qui contribua bien des fois au salut de leurs armées, comme à celui des individus confiés à leurs soins. Jamais ceux qui ont été appelés pour aider à cacher des armes, des munitions, de l'argent ou des personnes, n'ont abusé de la confiance qu'on leur a témoignée. Ils ont même une certaine habileté pour répondre d'une manière évasive à ceux qui les interrogent, quand ils ont intérêt à ne pas les éclairer, ce qui provient sans doute de l'habitude qu'ils en ont contractée dans ce temps malheureux où ils étoient obligés d'user de supercherie pour leur propre sûreté. Il en est résulté une sorte de réserve, surtout envers les étrangers, qui tient désormais à leurs mœurs, et qui se retrouve jusque dans leurs affaires personnelles et domestiques ; aussi on obtient difficilement d'eux de savoir quel prix ils ont retiré de leurs denrées, ce qu'ils ont vendu ou acheté leurs bœufs. C'est un caractère particulier très avantageux dans un temps de guerre civile, où la défiance est le premier point de sûreté.

M. d'Autichamp m'ayant fait passer un billet pour me prévenir qu'il venoit d'arriver au Lavoüer, je m'y rendis de suite, partant de la Possonnière, village où je réside habituellement, situé sur la rive droite de la Loire, peu distant d'une autre propriété placée sur la rive gauche, dans l'arrondissement de Beaupreau, où de fréquens voyages avoient établi mes relations particulières avec les habitans de la Vendée. Les allans et venans se succédoient sans cessé au château de Lavoüer. D'abord les anciens officiers de l'armée d'Anjou, MM. les chefs de division et autres qui s'y rendoient pour voir leur général, recevoir ses instructions et lui faire connoître les dispositions que chacun d'eux avoit déjà faites dans son canton. MM. Cady, chef de la division de Chemillé, forte de 4 ou 5,000 hommes; Lhuilier, chef de la division de Beaupreau à peu près d'égale force, ayant pour le seconder ses anciens lieutenans, officiers supérieurs, MM. Reynau, Bénoît, etc., Dudoré, chef de la division du fief Sauvin, Oger de Lille, commandant de celle de Champtoceau avec MM. Barbot et Chetou, de la Vincendière chef de celle du Louroux, Bottereau, du département de la Loire-Inférieure, ayant sous lui M. de Labarre, Moricaud de la Haye. Ces trois dernières divisions étoient beaucoup moins nombreuses que les deux précédentes, ainsi que celle de Chollet, dont l'ancien chef, le sieur Nicolas, n'existait plus; le commandement en fut donné à

M. François Soyer et à M. de Cambourg. Le marquis de la Bretesche qui devoit commander celle de Montfaucon d'environ 4,000 hommes ; son ancien chef avoit trop démérité dans l'esprit du général et de ses compagnons d'armes pour obtenir de conserver ce poste honorable : on l'accusoit d'avoir prêté la main aux agens de Buonaparte pour faciliter les enrôlemens et le départ des conscrits. M. de la Bretesche avoit avec lui M. Lejay, ancien officier supérieur de ladite division, MM. Desmelliers, le vicomte de la Bretesche, etc. M. Martin (Tristan) qui avoit commandé une division dans la première guerre, et M. Martin Bodinière, ancien aide-de-camp des généraux de Bonchamps et Stofflet, furent attachés l'un et l'autre à l'état-major-général de l'armée avec leur ancien grade de colonel. M. Eugène de Beauveau officier qui avoit déjà montré beaucoup de valeur dans la guerre de la Vendée, vint demander au général d'Autichamp de servir sous lui comme volontaire à la suite de son état-major, etc., etc.

On voyoit aussi confondus parmi ces anciens officiers vendéens une foule d'émigrés (1), an-

---

(1) MM. de Cambourg, le chevalier de Melliant, le ba-

ciens serviteurs du Roi, la plupart du pays, qui venoient réclamer l'honneur de combattre

---

ron de Romans, de la Sorinière le père et le fils, de Jourdan, de Caqueray, Auguste et George de la Beraudière, de la Sayette, de la Calvinière, de Laistre, de la Barre, le baron de la Haye et ses frères, de Romain, le marquis de Vaudreuil, de Saint-Ours, Isidore de Gohin, Tobin, de la Pinière, de Morivet, Bauné, Beaugrand, Guignard, Tarault, Sechet. On apprit dans ces jours-là que le marquis de Civrac étant en route pour venir nous rejoindre, avoit été arrêté comme suspect dans les environs de La Rochelle et conduit en prison. (Suite) MM. de la Paumelière (Louis et Paul), de Clermont Gullerande, Boussineau, de Vauguyon, Walsh (Francis), de Landemont (Auguste et Ludovic), Durau, de Mergot, du Moustier, Auguste de Cambourg, de Maussabré, de Charbonnier, le marquis d'Escayrac, Hunault, de la Chevalerie, de la Poueze (ces quatre derniers furent aides-de-camp du général.), de Grignon, de Scepaux, de Villoutreys, de la Blottais, de Neuville; Cady (les trois frères) neveux du chef de division, Guérin du Martrait, Fourmond, Félix et Charles, Burolleau, Moricet l'aîné et le cadet, Charles de Kersabiec, du Guigny, Dublancourt, Hays des Fontaines, de Terves, Brioux, Chevalier (les deux frères), Dupouet Lergulière (les deux frères) du Chainay, de Villers, Poerrier du Lavoir, The-

dans les rangs vendéens, ainsi que beaucoup d'autres militaires plus jeunes qui avoient servi la plupart dans la maison du Roi, et en outre de ceux-là, beaucoup de propriétaires du pays et quelques étrangers, laquelle masse d'individus fut répartie par le général, tant dans l'état-major que dans les divisions, où ils eurent chacun leur emploi.

Tous ces messieurs s'étoient occupés d'avance à se procurer des armes et quelques livres de

---

naisie, Cocu (Fortuné), Laujol de la Fages, Gannes, Moricaud de la Haye, Letourneau, Hervé, Boussineau, de Kergommeaux, Pissonet de Bellefond, l'Huilier les deux frères enfans du chef de division, Renou, chirur-major, l'abbé Raimbault aumônier, etc., etc. A laquelle liste de nouveaux Vendéens qui pourroit s'étendre à l'infini, je me fais un devoir d'ajouter ici quelques noms des anciens qui avoient honorablement figuré dans la première guerre comme ils se distinguèrent de nouveau dans celle-ci. MM. Coullon, ancien officier très brave et très estimable, qui avoit toute la confiance de Stofflet et été son secrétaire; Landrin, Cesbron, colonel de cavalerie; Bureau, idem, Cocu, Marney, Boussion, Baudry, Hullin, Legeay, Rousselot, Lepinay, Humeau, Millepied, Vicau, Martineau, Brevet, Girault, etc., etc.

poudre, tant pour eux que pour leurs braves camarades. M. Durau étoit allé pour cela à Nantes, et secondé par des métayers anciens capitaines de paroisse, qui s'étoient offerts de l'accompagner, il étoit parvenu à rapporter un certain nombre de fusils, mais non sans courir des dangers; l'un de ses hommes ayant été rencontré par des gendarmes dont il trouva le moyen d'éviter la poursuite, sans abandonner son dépôt; toutes ces mesures préparatoires étoient d'une exécution difficile, à raison des ordres sévères de la police, qui étoient donnés d'une manière spéciale dans toutes les villes limitrophes, où beaucoup de nous étoient notés; nous vînmes néanmoins à bout de faire de petites provisions par l'entremise de quelques tiers, hommes dévoués au parti du Roi, qui se prêtoient à nous servir avec un zèle et un désintéressement admirable; mais, hélas! tout ce matériel rassemblé n'auroit pu former qu'un bien misérable dépôt.

Dès son arrivée, M. d'Autichamp avoit établi une correspondance suivie avec les généraux vendéens, qui, comme lui, préparoient l'insurrection sur les autres parties du territoire de la rive gauche de la Loire. C'étoient MM. de Sapinaud, de

Suzannet, et Auguste de Larochejaquelein ; ce dernier tenoit en haleine les habitans du Haut-Poitou, les disposant à agir, pour faciliter le débarquement de son frère, Louis de Larochejaquelein, et des armes qu'il devoit amener.

Tous les esprits parmi nous s'attendoient donc à voir incessamment éclater cette insurrection ; néanmoins tous les gens sages souhaitoient que ce grand mouvement de l'intérieur fût combiné avec l'époque précise de l'arrivée des armées étrangères sur nos frontières, époque que l'on ne connaissoit pas encore, et dont l'action promettoit des avantages d'autant plus positifs pour la cause royale, que la diversion que feroient les Vendéens, obligeroit Napoléon à diviser ses forces pour faire face sur tous les points.

Je fus chargé dans cet intervalle par M. d'Autichamp, d'aller à Angers pour y prendre quelques renseignemens, chercher en même temps des cartes du théâtre de la guerre qu'il y avoit laissées en dépôt, et établir, s'il étoit possible, des moyens de correspondance avec ce pays, qui deviendroit ennemi, une fois que nous nous serions déclarés. Cela m'étoit plus facile qu'à tout autre, par la situation de mes propriétés sur les deux rives de la Loire, où des gens affidés pouvoient nous rendre le service de nous faire passer des lettres et même d'autres objets, en prenant quelques précautions, comme cela m'est arrivé; mais les choses marchèrent plus vite que je ne l'avois cru. Il eût été sans doute avantageux et prudent de ne rien précipiter, comme on en jugea plus tard : cela eût contribué peut-être à augmenter nos forces en donnant le temps et la facilité à quelques hommes prépondérans de venir se joindre à nous, comme il est notoire que plusieurs en avoient sincèrement l'intention, et qui en furent empêchés par les obstacles qui se multiplièrent de jour en jour davantage, après notre prise d'armes. Nous aurions pu aussi, dans cette supposition d'un retard à nous déclarer, faire entrer dans le pays des armes et de la poudre, malgré l'espérance que nous avions d'en recevoir bientôt de l'Angleterre; mais cela fut si brusque qu'une partie de ceux qui demeuroient hors du pays, principalement ceux qui étoient placés sur la rive opposée de la Loire, et qui avoient plus de précautions à prendre, se trouvoient dans un grand embarras pour passer ce fleuve.

MM. d'Autichamp, de Suzannet et Auguste

de Larochejaquelein jugèrent, d'après la bonne disposition de tous les esprits, qu'il étoit nécessaire qu'ils eussent une entrevue, pour fixer l'époque précise du soulèvement général. Leur réunion eut lieu à la chapelle Bassemer, le 11 mai. M. Auguste de Larochejaquelein y communiqua des lettres qu'il avoit reçues de son frère, elles annonçoient des secours très-prochains en armes et en munitions, ce qui détermina ces généraux à arrêter à l'unanimité que le mouvement s'opéreroit partout le même jour et à la même heure.

M. d'Autichamp rentra de là au château du Lavoüer, d'où il publia la proclamation qu'on va lire, et dans la nuit du 15 au 16 mai le tocsin fut sonné dans toutes les paroisses de la partie de l'Anjou dite Vendée, entre les rivières du Layon, de la Sèvre et de la Loire.

« BRAVES VENDÉENS,

« L'Europe a retenti de nos combats et de nos
« victoires. Une occasion nouvelle, et sans doute
« la dernière, nous rappelle sous les drapeaux. Un
« attentat moins sanglant, mais plus perfide que
« celui de 93, a été commis dans notre patrie.
« La trahison a livré le trône de Saint Louis à un

« étranger qui fut le fléau de la France, et que
« l'Europe, inondée du sang qu'il a versé, re-
« pousse avec horreur. Louis XVIII, victime de
« sa confiance, a été réduit à quitter sa capitale
« et à s'éloigner du peuple qui l'adore.

« Par ses prétendues constitutions, l'usurpa-
« teur, entouré de tous les crimes, ôte à notre
« religion sa prééminence, et proscrit l'auguste
« maison des Bourbons, tandis que, sous le mas-
« que d'une apparente douceur, il souffle la per-
« sécution contre les ministres des autels. Ainsi
« la cause sacrée de la religion est liée avec celle
« du fils de Saint Louis.

« Levons-nous donc, braves Vendéens; repre-
« nons nos armes; il est temps de venger tant
« d'outrages et de secouer le joug qu'on nous
« impose.

« Vous brûlez, je le sais, de combattre pour
« la plus sainte des causes; douze ans de repos
« n'ont point amolli le courage des vainqueurs
« de Vihiers, de Thouars, de Saumur, d'Érigné,
« de Fontenay, d'Entrames, de Dol, de Gété,
« etc... vos anciens chefs, tous ceux qui survivent
« à tant de combats et de périls, et un grand
« nombre d'autres, vont marcher à votre tête :

« les lâches qui ont trahi la patrie fuiront devant
« nos phalanges, et bientôt, oui, bientôt, le Roi,
« sur son trône, reconnoîtra la bravoure de ses
« troupes royales.

« Braves compagnons d'armes, tant que nous
« fûmes fidèles à Dieu, la victoire aussi fut fidèle
« à nos drapeaux; loin de nous la licence du crime
« et l'esprit de vengeance! les hommes paisibles
« et les propriétés, les femmes et les enfans se-
« ront respectés. La discipline la plus sévère sera
« observée ; les sages institutions que le Roi a
« données en France seront religieusement main-
« tenues. Plus de rivalités ni de divisions, plus de
« jalousies ni de défiances, généraux, comman-
« dans, chefs de légions, officiers et soldats, nous
« n'aurons tous qu'un cœur et qu'une âme. Nos
« augustes alliés, les empereurs et rois viennent
« à notre secours, sous les bannières de la France.
« L'Europe entière est en mouvement; ses armées
« innombrables vont marcher sur Paris et com-
« battre les rebelles.

« Français de tous les pays, habitans des villes
« et des hameaux! accourez sous les drapeaux de
« l'honneur : venez vous ranger sous les lis an-
« tiques, qui firent la gloire et le bonheur de nos

« aïeux. Dieu et le Roi, voilà notre devise ; la
« paix dans l'intérieur et avec les nations, est le
« but de notre entreprise.

« Et vous, soldats, qu'on trompe et qu'on
« égare, songez aux dangers qui vous entourent,
« et venez vous rallier à vos frères, désertez les
« étendards du crime, déposez les couleurs de la
« révolte, ces signes honteux de trahison et de
« parjure.

« Le mérite et les vertus guerrières seront,
« parmi nous, les premiers titres à l'avancement
« et aux distinctions. Les officiers de la ligne,
« quels que soient leurs grades, les conserveront
« dans nos armées, et seront recommandés à la
« munificence du Roi.

« Braves amis, vous êtes Français ! vous êtes
« Vendéens ! nos triomphes sont assurés.

« Vive le Roi !

« Le 15 mai 1815. »

Je m'occupois de retourner auprès du général d'Autichamp pour lui rendre compte de la mission dont il m'avoit chargé, lorsque je reçus par un exprès le billet suivant que m'écrivoit de sa part M. Louis de la Paumelière, daté du lundi matin 15 de mai.

« Mon cher bon ami, arrivez-nous aussitôt
« que vous aurez reçu ce billet, c'est demain ma-
« tin que la cloche doit réveiller tous nos bons
« paysans, ainsi faites diligence ; mais veuillez
« bien vous charger d'en faire prévenir mademoi-
« selle Fortuné, de la part de mademoiselle Char-
« lotte, qui dans ceci agit de concert avec ses
« amies, Augustine et Constance. »

Le premier de ces noms désignoit M. d'Andigné, le second M. d'Autichamp, le troisième
M. Auguste de Larochejaquelein, et le quatrième M. de Suzannet.

A la lecture de ce billet que je ne reçus qu'à
5 heures du soir à la Possonnière, je fus singulièrement surpris et contrarié du peu de temps
que j'avois pour mettre ordre à mes affaires : en
effet, il ne me restoit pas dix heures pour faire
mes préparatifs de départ et passer la Loire avant
que le tocsin sonnât. Eloignant de moi la pensée
douloureuse dont mon cœur étoit rempli, de me
voir obligé de laisser mon épouse chérie, seule
gardienne de nos enfans, je ne m'arrêtai qu'à
l'idée de remplir la commission que le général
d'Autichamp me donnoit de faire prévenir
M. d'Andigné du jour et de l'heure que devoit

avoir lieu la prise d'armes dans la Vendée. Je sentois toute l'importance que les généraux vendéens devoient mettre à faire connoître leurs déterminations aux généraux royalistes de la rive droite, sur laquelle nous savions tous qu'on préparoit un soulèvement, tant en Anjou qu'en Bretagne et dans le Maine, selon le mode de la guerre de la chouannerie et d'après l'organisation de leurs armées, qui est comme on sait différente de celle de la Vendée.

Il étoit bien important pour le triomphe de notre cause que les royalistes se concertassent d'une rive à l'autre, afin d'agir ensemble et de se secourir mutuellement, en opérant des diversions, autant que les circonstances le permetroient.

Nous étions instruits depuis long-temps que le général d'Andigné faisoit dans son pays toutes les dispositions nécessaires pour prouver à l'usurpateur que l'amour des Bourbons n'étoit pas plus éteint sur la rive droite que sur la rive gauche, et qu'il étoit vivement secondé dans son entreprise par MM. le vicomte de Turpin de Crissé, maréchal-de-camp; le baron de Turpin de Crissé, Bernard de la Frejolière, ancien maréchal-delogis des gardes-du-corps, aujourd'hui maréchal-de-camp, le général Tranquille; Menard dit Sans-Peur, chef de légion, Gaulier, chef de légion et son fils, le comte de Narcé, chef de légion, Plouzin, *idem*, Quesolon du Rocher, Bardet, le vicomte de Dieusie, Hodet dit l'Extermine, Houlbert dit Monte-à-l'assaut, Quiters dit Saint-Martin, Guedon, Goubault dit la Forest, Séjon dit Rossignol, Jarry (Henry), Lecoq Cresson, Pasquier, Mabille du Chêne, Bory, Bassille, Brichet dit du Cimbray, Daillere, Le Brun, Jean Choisy, Simon, notaire, Brion, d'Arlanges et Baudrier, ce brave capitaine qui reçut à l'attaque du Lude une balle dans l'œil, ce qui ne l'empêcha pas de marcher à la tête de l'avant-garde aux cris de *vive le Roi!* Il fut alors atteint d'un second coup dont il expira en priant Dieu de sauver son âme et la France. Il y eut à la même affaire plusieurs officiers grièvement blessés ainsi que des soldats, et quelques-uns tués, entre autres le jeune Crosnier qui dit en mourant au prêtre qui l'exhortoit à la mort : Je suis content de mourir pour Dieu et le Roi!

Tous ceux-ci étoient d'anciens officiers des armées royales, qui avoient montré beaucoup de valeur et un grand dévouement dans l'ancienne guerre des chouans, auxquels venoient s'adjoindre une foule d'autres officiers, la plupart vétérans de l'armée de Condé, qui vouloient ressaisir leurs armes pour soutenir encore la cause des Bourbons.

On citoit parmi ceux-là, MM. le comte de la Potherie, le comte de Coislin, le comte de Landemont, le comte d'Ambrugeac, qui commanda dans la Sarthe, Pocquet de Livonière, de La Noue, du Pineau le père, de Terves du Margat (Joseph), d'Armaillé (Ambroise), de Villemorge, de Candé (Prosper), Guillot de la Potherie, de Morand, de Champagné (Charles), qui fut tué dans cette campagne, de Lancrau (Alexis), de Launay de la Mothais le père, Bernard (Armand), du Ponceau, de Saint-Sauveur, qui fut tué à Cossé, de Lorchère (Guillaume), Ménard (Charles), et enfin une infinité d'autres plus jeunes dont une partie avoit servi dans la maison du Roi.

MM. de Karaduc, du Bobris, d'Andigné, du département de la Sarthe; ces trois derniers aides-de-camp du général d'Andigné, le vicomte Eugène de Beaumont, chef de légion, le marquis de Rochequairie, du Pineau du Mesnil, Charles de

Maquillé, Constant de Maquillé, Poisson de Gastines (James et Renaud), Guy de Chemellier, le marquis de Senones, d'Andigné Joseph, d'Andigné Ange, d'Andigné Gabriel, Hyacinthe de Quattrebarbes, de Rochebouet (Dominique), de Saint-Thénis, d'Hélian, de Kermel (les trois frères), Morin (les trois frères), de Pignerolles (les deux frères), de la Tullaye, Jarret, d'Aubigné, de Canteloup, de Chateaufort, de Cumont (les deux frères), de Monteclair, de Landemont, Morais Daumagné, Benoist (les deux frères), Prosper et Denis, Charlery, de Charnacé Henri, de Genouillac Alexis, Bodard de la Jacopière, Doublard du Vigneau, Toissonnier, Bernard de la Frejolière, le fils, de Quattrebarbes Félix, de Quattrebarbes Léopold, Bouchard de la Potherie, de Rasilly, Victor de Baracé, Eugène de Beaumont, le fils, de Launay de la Mothais le fils, Le Bret de Sainte-Croix, Bignon, de Clinchamp, de Tilly, etc., etc., lesquels firent toutes sortes d'efforts et de sacrifices d'argent, pour se procurer des fusils et des munitions, afin d'armer les hommes de bonne volonté qui venoient se joindre à eux et qu'ils tinrent sur pied tout le temps de la campagne.

Je partis donc pour Angers un quart-d'heure après la réception de ce billet, en recommandant à ma femme d'envoyer mon domestique et mes chevaux à la terre que nous possédons dans la Vendée. Pour ôter tout soupçon, elle lui donna l'ordre de passer la rivière une lieue au-dessus de chez moi, et de partir de grand matin, avant qu'on eût connoissance du tocsin qu'on devoit sonner ce jour-là sur l'autre rive, à peu de distance de la Possonnière.

En me séparant de ma femme et de mes enfans, je pris à peine le temps de faire des adieux qui pouvoient être les derniers.

Rendu à Angers, je fus chez plusieurs de nos amis, que je savois décidés à prendre les armes, sur une rive ou sur l'autre; la plupart étoient déjà partis pour rejoindre M. le général d'Andigné. Je rencontrai cependant M. Guy de Chemellier, que je savois avoir la même intention, mais qui ne vouloit pas encore l'avouer à sa mère; il se chargea, sans difficulté, de faire savoir, dans la nuit même, au général d'Andigné, que tous les Vendéens devoient prendre les armes le lendemain matin; différentes précautions à prendre, et quelques personnes que j'avois encore à prévenir de cette circonstance, me déterminèrent à passer la nuit à Angers; plusieurs individus le sachant, vinrent me trouver le lendemain matin pour prendre des informations; je ne leur cachai rien, mais déjà les autorités avoient reçu la nouvelle que le tocsin avoit sonné dans tout l'arrondissement de Beaupreau; la nouvelle circuloit après midi dans la ville; je ne tardai même pas à savoir qu'on venoit d'envoyer un détachement de troupes au pont de Cé pour le garder et en surveiller le passage. Je sentis dès-lors la nécessité pour moi de disparoître de la ville, dans la crainte qu'on ne m'arrêtât; mon objet principal étoit de passer dans la Vendée, mais par où ? Sachant le pont de Cé gardé, j'eus la pensée de retourner chez moi, où je supposois pouvoir traverser plus facilement la rivière; j'arrivai donc à la Possonnière: quelle surprise pour ma femme et mes enfans, et quelle consolation pour nous tous de nous revoir encore une fois! Je me décidai à y passer la nuit, en prenant la résolution d'en partir de très-grand matin.

La chose étoit donc décidée sans retour; une pensée m'agitoit néanmoins beaucoup, c'étoit de savoir si je renouvellerois mes adieux; je me décidai à ce pénible parti, qui fut soutenu de part et d'autre avec une grande résignation. Mais que mon cœur étoit déchiré, et que mes yeux eurent ensuite de peine à se détacher de dessus mon village ! une fois parvenu sur le coteau opposé, je me retournois sans cesse pour apercevoir encore mon habitation favorite, l'ancien manoir de mes pères, qui renfermoit dans ce quart-d'heure tout ce que j'avois de plus cher; il fallut enfin abandonner ce dernier prestige et prendre une direction opposée pour m'enfoncer dans le Bocage. Adieu ! adieu ! furent les mots que j'articulai, en jetant mon dernier regard sur ce lieu chéri; rien ne me répondoit, mais j'avois la consolation de savoir que j'étois suivi des yeux et de la pensée; adieu !..... quel mot significatif et religieux, adieu ! c'est-à-dire espérons que si le malheur nous poursuit sur cette terre, et que nous ne devions plus revoir ceux à qui nous l'adressons, espérons que nous nous retrouverons dans un autre monde pour ne plus nous séparer, pensée consolante, dont il faudroit sans doute se pénétrer plus souvent.

Je n'étois pas le seul Angevin dans cette position douloureuse, circonstance qui m'a engagé à la retracer dans ces Mémoires, pour faire connoître à quelles épreuves l'homme est exposé dans un temps de révolutions ; tous les royalistes qui vouloient prendre les armes dans la Vendée, et dont les demeures habituelles n'étoient pas placées sur le territoire qui alloit devenir le théâtre de la guerre, se trouvoient même à cet égard dans une plus grande perplexité; entre autres, MM. de Cambourg, le baron de Romans, le baron de la Haye et ses deux frères, le comte d'Autichamp, Charbonier de la Guesnerie, etc. Les chances de malheur que nous avions à courir sembloient nous être plus fatales qu'aux autres, puisque nous laissions nos familles et nos habitations en proie à la vengeance des Buonapartistes. En effet, peu de jours après mon départ et celui de ma femme, de la Possonnière, le juge-de-paix du canton de Saint-Georges vint mettre le scellé chez moi, au nom du gouvernement impérial, avec la même exactitude que si j'eusse été décédé. On fit pareille chose dans une autre terre que je possédois alors dans l'arrondissement de Saumur, et à peine ma femme fut-elle rendue à Angers, qu'elle vit placer à sa porte un factionnaire (1), et que son cocher reçut

---

(1) Sans doute pour suppléer au scellé que le juge-de-

l'ordre du commissaire de police de ne point sortir ses chevaux de notre écurie, contre-temps fâcheux, puisque ma femme avoit l'intention de s'en servir pour se rendre à Poitiers avec ses enfans, voyage pour lequel je m'étois précautionné d'avance d'un passe-port pour elle.

Se voyant ainsi prisonnière dans sa maison de ville, et privée de son domestique, elle en sortit furtivement pour ne plus y rentrer; on lui procura des chevaux de louage pour s'en aller à Poitiers, laissant sa demeure remplie d'officiers et de soldats qui faisoient partie d'un corps de troupes venues de Paris en poste, par ordre de Buonaparte pour écraser la Vendée; leur jactance et leurs vociférations sur la place publique où se rassembloient également les nouveaux fédérés, étoient pour ma femme autant de coups de poignard; mais elle sut se résigner à son sort avec une grande force d'âme, applaudissant intérieurement au parti que j'avois pris, avec plusieurs autres de ses amies qui se trouvoient dans la même situation.

---

paix de notre quartier, M. Migeonet, s'étoit refusé d'apposer chez moi et autres royalistes dans le même cas.

Heureux les époux, qui, dans des circonstances semblables, n'ont point été entravés par les prières et les observations de leurs femmes, qu'un excès de sensibilité aveugloit au point d'arrêter le noble élan de leurs maris, et plus heureux sans doute encore les jeunes gens et les hommes qui n'étoient point mariés, ceux qui n'avoient pas de propriétés; dont les sacrifices ne pouvoient être mis en parallèle avec ceux des pères de famille d'un âge avancé !

On excusera, j'espère, ces détails et les réflexions qu'ils ont amenées, on les a crus nécessaires d'après le plan de l'ouvrage, qui n'est en quelque sorte qu'un tableau de la vie que beaucoup de personnes ont menée dans ces temps malheureux ; temps que beaucoup d'égoïstes ont passé comme à leur ordinaire, sans même penser aux angoisses et aux dangers que couroient leurs voisins.

TROISIÈME PARTIE.

PRISE D'ARMES DES VENDÉENS D'ANJOU, LE 15 DE MAI 1815 (1).

A MA FEMME ET A MES ENFANS.

Jallais, le 19 mai 1815.

Je me souviens, ma chère Amélie, qu'avant de te quitter, tu me fis promettre de faire un journal de notre guerre de la Vendée; de cette

---

(1) Persuadé que les lettres que j'adressai à la suite de cela à ma femme, en forme de journal, pour lui rendre compte des événemens qui succédèrent, donneront une idée exacte des faits, par la vérité avec laquelle ils sont rapportés, je vais les transmettre ici, trouvant d'ailleurs qu'elles se rapportent au caractère de l'ouvrage, depuis son commencement.

guerre juste, mais sans méthode, contre les habiles ennemis du Roi.

Je m'aperçois que j'ai pris cet engagement sans réfléchir aux difficultés que je rencontrerois pour l'exécution de ce projet, non-seulement pour mettre mes observations sur le papier, puisque désormais je n'aurai probablement que mes genoux et mon chapeau pour me servir de table; mais en outre comment m'y prendrai-je avec la vie vagabonde que nous allons mener, pour te faire parvenir ces feuilles, si je n'en suis pas moi-même un jour le porteur, circonstance sur laquelle il est impossible de pouvoir rien déterminer aujourd'hui ? C'est même cette incertitude qui m'excite le plus à commencer ce récit, par l'idée que si je venais à succomber, les dernières paroles de ton ami deviendroient pour vous trois un sujet de consolation.

Il seroit téméraire à moi, ma chère Amélie, d'entreprendre un journal de cette espèce, s'il devoit être lu par d'autres que par toi et un petit nombre d'amis, car il ne peut être que décousu d'après les occupations qu'on me donne et les distractions auxquelles je me vois exposé à chaque instant comme observateur des choses singulières qui se passent autour de moi ; mais console-toi sur ma position, ma chère Amélie, car j'ai rencontré ici d'anciens camarades, affligés comme moi d'être séparés de ce qu'ils ont de plus cher. Je suis sûr qu'ils me serviront d'appui, la douleur aime la douleur ; aussi nous nous recherchons sans cesse en répétant souvent : Nous n'avons fait qu'obéir à l'honneur, ce qui est pour nous un puissant motif de consolation. Au surplus les grandes impressions que j'éprouve ont encore retrempé mon âme, et je me sens tout-à-fait élevé à la hauteur des circonstances qui nous dirigent.

J'arrivai hier au bourg de Jallais à six heures du soir. Quel spectacle ! cela me sembloit incompréhensible. J'y ai trouvé 4 à 5,000 paysans rassemblés, la moitié armés de fusils de différens calibres, les autres de faux ou de baïonnettes fixées au bout d'un bâton. Tout ce monde étoit placé sur la route en avant et en arrière du bourg. Le général d'Autichamp s'occupoit à les passer en revue, tâchant de parler autant qu'il lui étoit possible à tous ses bons Vendéens, qui étoient la plupart d'anciennes connoissances, embrassant les uns, donnant la main aux autres, et applaudissant surtout au généreux empressement de chacun d'eux à contribuer à la formation de cette armée royale.

Quelle est donc la puissance secrète qui a pu donner une semblable impulsion et obtenir un si grand résultat dans l'espace de quarante-huit heures, après quinze années de relâche et sous les yeux d'un gouvernement vigilant ? Cela se doit à la conscience seule des Vendéens qui, fiers de leurs souvenirs, et certains de leurs droits, ont compris que l'appel qu'on leur faisoit en ce jour étoit prescrit par l'honneur, qui demandoit à tous les Français de résister avec énergie au pouvoir destructeur de Buonaparte, pour que Louis XVIII pût remonter sur son trône ; Louis XVIII qui a cédé aux vœux de la majorité des Français en leur donnant une nouvelle constitution. Le tocsin a sonné le 16 à la même heure dans toutes nos communes, ainsi que nous en étions prévenus ; et cela s'est fait dans la plupart des bourgs avec l'autorisation des maires, et dans les autres, sans qu'ils osassent y mettre empêchement, parce que le plus grand nombre sont des royalistes dévoués et déterminés à marcher à la tête de leurs administrés.

Messieurs, les anciens chefs de division ont

principalement coopéré à ce soulèvement général de la population.

Monsieur Cady, commandant de celle de Chemillé, chirurgien et maire de la commune de Saint-Laurent-de-la-Plaine, avoit eu la précaution de dire quelques semaines d'avance à la plupart des habitans de son canton, qu'on seroit sans doute obligé d'en venir à reprendre incessamment les armes. Cet officier supérieur vendéen est d'une petite stature, d'un physique grêle, mais d'une intrépidité et d'une intelligence particulière pour ce genre de guerre; il est habile chirurgien, très charitable et plein de loyauté, familier avec tout le monde et plaisant dans ses propos : par exemple, il s'amusoit à dire un mois avant cette prise d'armes, aux hommes du parti opposé qu'il rencontroit dans son chemin, surtout à ceux de Chalonne, ses proches voisins : « Quand vous me verrez sur mon petit cheval « blanc, il sera temps de vous sauver, car ce sera « le signal de la guerre. » Les Vendéens ont conservé une telle confiance en lui par le souvenir de ses talens militaires et de son bonheur dans la première guerre, qu'il lui a suffi de les faire prévenir de se trouver le 16 dans la lande de Saint-Lézin, avec le plus d'armes qu'ils pourroient et du pain pour plusieurs jours, pour qu'ils s'y soient rendus. Le général d'Autichamp lui a ensuite donné l'ordre d'en amener ici la plus grande partie.

Monsieur l'Huilier, commandant de la division de Beaupreau et maire de cette ville, qui étoit occupée par des troupes buonapartistes, n'a rien négligé non plus pour disposer d'avance les esprits à ce mouvement, qui devoit même s'opérer dans sa ville plus brusquement qu'ailleurs, comme étant le chef-lieu de l'arrondissement. Cet officier supérieur, père de onze enfans la plupart en bas âge, est sorti courageusement de sa maison le jour fixé, y laissant tout ce qu'il avoit de plus cher pour aller former son rassemblement dans les environs et le conduire ici. C'est le point central de notre pays où M. d'Autichamp a eu pour but de présenter dans le premier instant une masse assez imposante, pour donner de la confiance à ceux qui pouvoient encore hésiter, et imprimer au loin toute l'importance de notre détermination. A ce son du tocsin et à la nouvelle inopinée que les troupes qui étoient à Beaupreau ont eue de cet armement, des habitans qui alloient bientôt cerner la ville, l'officier qui les commandoit a pris la prompte résolution de l'évacuer en se retirant sur Chollet, pour se rallier au reste de son corps qui y tenoit garnison. A peu de distance de là, M. Dudoré, chef de la division du Fief-Sauvin, a rassemblé tout son monde avec le zèle et l'activité dont il a donné des preuves autrefois, sachant électriser ses hommes et leur inspirer des sentimens de bravoure et la détermination qui le caractérisent. Le général a également reçu la nouvelle que les autres divisions, qui sont plus éloignées d'ici que les trois que je viens de citer, étoient aussi en partie formées, celle de Montfaucon par les soins de M. de la Bretesche, celle de Champtoceau par ceux de M. Oger de l'Ile, secondé par MM. Barbot et Chetou, dont le dévouement est si connu; et enfin celle du Louroux-Bottereau par M. de la Vincendière, son ancien chef.

Hier au soir sur les huit heures, nous eûmes une alerte qui m'a beaucoup amusé, parce qu'au bruit de quelques coups de fusil tirés dans nos environs, on répondit que c'étoient les bleus qui revenaient de Chemillé pour nous attaquer. Je pensai qu'il n'en étoit rien et que ces décharges n'étoient autre chose que l'essai que quelques-uns de nos hommes faisoient de leurs fusils, occupation naturelle et si favorite pour eux, que la plupart du temps ils enfreignent les ordres qu'on leur donne de ne point tirer sans motif, recommandation d'autant plus importante dans ce moment que nous n'avons point de poudre à prodiguer. Le général n'en a pas moins donné des ordres pour que tout le monde se rassemblât. Il a aussi envoyé quelques cavaliers en reconnoissance et fait prendre les armes aux troupes de l'avant-garde; mais nous n'avons pas tardé à savoir que les bleus n'avoient pas bougé de Chemillé dont nous ne sommes éloignés que de trois lieues. Cela nous a du moins servi d'épreuve, et j'ai eu bien du plaisir à voir le mouvement précipité que cela a produit parmi tous ces braves paysans, qui sortoient la plupart du bourg où ils étoient venus à la brune chercher des vivres et du vin, pour regagner en courant les bivouacs de leurs paroisses, qui étoient établis au-delà et en-deçà du bourg. Chacun d'eux, en se rendant à son poste, manifestoit par toutes sortes de bons propos son ardeur pour marcher à l'ennemi. J'observai même dans cette circonstance qu'un grand nombre de jeunes gens montroient une espèce de délire pour se porter en avant, fougue qui demandoit à être tempérée par ceux qui avoient plus d'expérience, quoique applaudissant à ce zèle qui donne beaucoup d'espérance pour l'avenir.

Harassé de fatigue par le manque de sommeil dans les nuits précédentes et n'ayant point encore d'emploi déterminé, je me suis retiré dans une des tours, isolée de l'ancien château qui a été brûlé dans la première guerre. Cette tour dans laquelle il y avoit quelques siéges, avoit servi de point de réunion pendant la journée à une partie des officiers, et l'on avoit déposé à la porte quatre paniers contenant cinq ou six milliers de cartouches, ce qui compose tout notre avoir en munitions de réserve. J'en ai été naturellement établi le gardien pour la nuit, ce qui a été cause que je n'ai pas plus fermé l'œil que les nuits précédentes, parce que une infinité d'individus se sont succédé pour tâcher d'obtenir de moi quelques-unes de ces cartouches, me suppliant de ne pas les refuser, s'appuyant de raisons bien fortes, puisqu'il y en avoit qui venoient des avant-postes d'où les commandans les envoyoient, dans la crainte que l'ennemi ne vînt les surprendre. J'ai refusé constamment d'acquiescer à leurs désirs, d'abord parce que je n'étois pas autorisé à en disposer et que je savois que cela ne devoit être délivré qu'avec discernement et aux plus braves dans une occasion importante et en cas d'attaque ; mais j'avoue que j'étois bien peiné de ma résistance et que j'ai été content de voir paroître le jour pour ne plus avoir la mortification de refuser tant de braves bien fondés dans leur demande, car il y en avoit parmi eux qui n'avoient pas un coup à tirer, et d'autres qui n'en avoient que deux ou trois qu'ils s'étoient procurés eux-mêmes ou qu'ils avoient reçus de leurs officiers qui avoient fait chacun leur petite distribution. A cet inconvénient s'en est joint un autre que j'ai remarqué, c'est que nos bons paysans n'ayant point de gibernes, ont l'habitude de porter leurs cartouches dans leurs poches de veste ou dans leurs goussets ; ce qui les expose à les voir bientôt avariées quand il pleut ; que devenir alors en face d'un ennemi bien pourvu ? Nous ne devons pas oublier, si cela nous arrive, de faire comme nos devanciers dans la première guerre, *c'est-à-dire de nous jeter à plat-ventre pour éviter l'effet des décharges de canon, nous relevant aussitôt pour courir sur l'ennemi.*

C'est dans cet état de choses que le général d'Autichamp a balancé ce matin sur les deux partis qu'il supposoit également bons à prendre. Le premier étoit de profiter de l'ardeur de nos braves Vendéens pour se porter sur Chemillé et Chollet, afin d'attaquer brusquement les troupes de Buonaparte, qui, effrayées de la rapidité de notre mouvement, se sont concentrées dans ces deux villes d'où elles entretiennent des communications avec Angers, Saumur et Bourbon-Vendée, où sont les généraux Travot et de Laage. Le second étoit de laisser une partie de nos forces, la division de Chemillé, autour des villes de Chollet et de Chemillé, pour en inquiéter les garnisons par l'apparition de petits corps embusqués de manière à rompre leurs communications, intercepter leurs correspondances et diminuer leurs moyens de subsistance, pendant que le général, à la tête d'un autre corps composé des divisions de Beaupreau et de Montfaucon, iroit se réunir aux généraux de Suzannet et Auguste de Larochejaquelein qui viennent de lui mander qu'ils vont avec une partie de leur monde vers la côte, où M. Louis de Larochejaquelein doit maintenant être débarqué avec les secours qu'il avoit annoncés, secours dont M. d'Autichamp éprouve le même besoin que ses collègues, devant passer par Beaupreau pour nous faire voir dans cette ville, afin de convaincre les incrédules et les indécis que notre existence militaire est déjà imposante. Le sous-préfet en a d'ailleurs déja *décampé*.

Le général et ses principaux officiers qu'il a consultés penchoient d'abord pour adopter la première mesure, celle d'attaquer l'ennemi; mais apprenant que le vingt-sixième régiment d'infanterie sous les ordres du colonel Prévost étoit rentré hier à Chollet pour en renforcer la garnison à l'issue d'une petite affaire qu'il avoit eue aux Echanbroignes avec une partie des troupes de M. Auguste de Larochejaquelein, qui s'étoient rencontrées avec ce régiment dans leur marche, il a été arrêté que nous suivrions le second plan, en réfléchissant surtout que si nous nous présentions devant Chollet et Chemillé, où les troupes réglées qui s'y trouvent doivent s'être retranchées, nous pourrions être contraints de nous retirer sans nous en être emparés, faute de munitions pour débusquer l'ennemi; ce qui jetteroit une grande défaveur sur nous dans l'opinion publique, défaveur qui, loin d'attirer du monde dans nos rangs, éloigneroit peut-être une partie de ceux qui y sont déjà. Nous avons jugé avec le général qu'il étoit essentiel de ne pas débuter, à l'ouverture de cette campagne, par une entreprise dont le succès étoit si douteux, d'après la résistance que nous pourrions éprouver, la manière dont les Vendéens font la guerre et la qualité de leurs armes ; pouvant d'ailleurs perdre beaucoup de monde dans cette attaque sans en tirer un avantage réel pour la suite, puisque d'après la nature de notre organisation, nous ne pouvons nous maintenir dans les villes dont nous nous emparons, parce que étant obligé de congédier nos soldats de temps en temps pour qu'ils puissent retourner chez eux, vaquer un moment à leurs affaires, changer de linge et se procurer des vivres; il en résulte que les officiers se trouvent sans soldats le lendemain du jour qu'ils en ont commandé des milliers : c'est ce qui arriva maintes et maintes fois dans la première guerre, entre autres après les prises de Thouars, de Fontenay, de Saumur, d'Angers etc., etc.

Au surplus, quel est le principal rôle que les Vendéens sont appelés à remplir? Ils veulent que Buonaparte et ses alliés apprennent que le Roi de

France a laissé derrière lui un peuple armé pour la légitimité; nous avons besoin d'un foyer durable de révolte contre l'usurpateur, pour amener une longue et importante diversion; jusqu'à quel point y réussirons-nous? C'est encore un problème, mais si nous éprouvions d'abord des échecs, la Vendée se trouveroit étouffée dès sa naissance, et l'usurpateur, pressé par les événemens, aimeroit sans doute à voir cette nouvelle question vendéenne aussi promptement décidée.

Une marche prudente semble être plus en harmonie avec le but des puissances, il est bon de ne rien hasarder, surtout avant de connoître nos forces.

Croire qu'il nous suffiroit de nous présenter devant Chollet et Chemillé, pour en faire déguerpir l'ennemi, est une erreur qui n'a pas été partagée par les militaires expérimentés du pays, ni par les émigrés qui ont aussi quelques connoissances de la guerre; et quand bien même dans l'hypothèse de l'attaque, nous parviendrions à emporter ces deux villes, non par un feu soutenu, puisque nous avons très-peu de cartouches, encore moins à la baïonnette, car les fusils de nos hommes n'en sont point armés, soit donc corps à corps, en escaladant les murs de jardin et les barricades de rues en rues, car nos adversaires ne sont pas des recrues ni des lâches, nous n'y gagnerions rien, puisque, je le répète, d'après la nature de notre organisation, nous serions bientôt contraints d'évacuer Chollet, que les buonapartistes auroient un si grand intérêt de reprendre, pour s'y maintenir; je pense que le général d'Autichamp, qui est un des principaux chefs de l'insurrection, fait très-bien, dans la circonstance où nous sommes, de tâcher avant tout, d'accroître ses rassemblemens, sauf à procurer plus tard à ses hommes l'occasion de montrer leur courage.

―――

Chollet, le 23 juin

Nous partîmes donc de Jallais le 19, pour nous porter sur les bords de la Sèvre, entre Mortagne et Clisson, où le général d'Autichamp espéroit rencontrer MM. de Suzannet et Auguste de Larochejaquelein, afin de se concerter avec eux et de déterminer le point sur lequel on dirigeroit la portion des munitions provenant du débarquement, qu'on avoit promis de lui réserver. Nous sommes passés par Beaupreau, où notre apparition militaire a fait grand plaisir aux habitans. Nous sommes allés en troupes à l'église rendre nos actions de grâces à Dieu, en invoquant sa protection pour nos armes, cérémonie qui s'est terminée par le chant favori des royalistes: *Domine salvum fac Regem*. Mais, ma chère amie, que de sujets de réflexions j'ai eu à faire dans cette marche irrégulière de nos paysans, qui sont la plupart pères de famille. Je me suis souvent approché de ceux-là pour causer avec eux à mon aise; on ne peut que gagner à ces entretiens, tant leur conduite excite d'admiration! Quel noble langage! Quels principes de morale! Que j'aurois désiré que Louis XVIII les eût entendus comme moi! répétant sans cesse : Dieu et le Roi! C'est l'assemblage de ces deux mots, qui fait qu'on s'abandonne ici sans calcul aux hasards de la guerre, laissant à sa femme le soin de garder le ménage avec les plus jeunes de ses enfans, car j'en vois une infinité parmi nous à peine âgés de quatorze ans, qui ont voulu venir avec leurs pères, entre autres, le fils du sieur Cocu, commandant de poste à la Pommeraie, et le jeune Viau, fils du capitaine Viau, aubergiste à Chollet, dont la femme a fait tout au monde pour les dissuader de partir : elle a fermé à clef la porte d'entrée ; mais ils lui ont échappé en descendant du premier étage par la fenêtre, au moyen d'une échelle qu'on leur a procurée. Ils ont donc laissé, comme moi, leurs femmes, leurs enfans et leur manoir à la garde de la Providence. Chacun d'eux pense que s'il vient à mourir, Dieu, le Roi et la Patrie rendront justice à leur dévouement ; leurs bons pasteurs le leur ont dit en chaire, comme nous le leur répétons dans les rangs : mais que tu aurois à souffrir, chère Amélie, si tu voyois, comme moi, parmi ces hommes déterminés, de pauvres piétons qui n'ont pour toute chaussure que des sabots ou de mauvais souliers, marchant souvent pieds nus, et qui viennent auprès de nous réclamer des secours d'argent pour être dans le cas d'acheter des souliers, afin de continuer de nous suivre ! C'est alors qu'on voit les officiers se disputer le bonheur de sortir de leurs poches quelques pièces de six francs pour combler de joie ces hommes dévoués, mais dépourvus d'argent. Quelques-uns sont des domestiques, enfans de métayers, qui n'ont point touché leurs gages, et qui s'exposent même, par leurs démarches, à en perdre une partie.

C'est ainsi que nous avons déjà parcouru et que nous allons continuer de parcourir, le jour et la nuit, tantôt à pied, tantôt à cheval, au milieu d'une multitude d'hommes armés, des sentiers et des chemins creux, des champs et des prés qui varient de grandeur. Ils sont, comme tu sais, entourés d'arbres qu'on émonde, et de fortes haies, par-dessus lesquelles nous sommes souvent obligés de sauter, comme aussi nous devons traverser à gué des ruisseaux plus ou moins profonds, qu'on rencontre fréquemment dans ces jolis bocages où l'héroïsme semble être inné.

Arrivé sur les bords de la Sèvre, M. d'Antichamp a envoyé quelques cavaliers du côté de Légé et de Clisson, pour savoir où pouvoit être le corps de M. de Suzannet et celui de M. Auguste de Larochejaquelein; mais n'ayant point appris sur quel point ces Messieurs s'étoient dirigés, et ne connoissant pas leurs projets ultérieurs, il s'est déterminé à revenir sur ses pas pour se rapprocher du territoire qu'il est spécialement chargé de défendre, et procurer à ses troupes les vivres dont elles avoient besoin. C'est au milieu de cette marche qu'il reçut, le 21, une lettre de M. le comte de Suzannet, qui lui apprenoit l'arrivée de

M. Louis de Larochejaquelein sur la côte; qu'on y avoit débarqué deux mille fusils et huit cent mille cartouches, mais point de canons, ni de canonniers, ni d'argent, comme on en avoit d'abord donné l'espérance; néanmoins M. de Larochejaquelein l'avoit assuré qu'un second convoi étoit près d'arriver; il ajoutoit à M. d'Autichamp qu'on lui destinoit trente à quarante barils de cartouches, et qu'on étoit tout-à-fait embarrassé pour les faire arriver jusqu'à lui, par la crainte que ce petit convoi, transporté sur des charrettes à bœufs, fût saisi par les bleus. Cette nouvelle nous a fait plaisir, quoiqu'elle soit loin de remplir nos premières espérances; mais nous avons été très-heureux d'apprendre, par le même message, que M. de Suzannet venoit de réunir son corps avec celui du général de Sapinaud, fort de quatre à cinq mille hommes, et qu'ils alloient se joindre aux troupes que commande M. Auguste de Larochejaquelein, pour aller ensemble attaquer le général Travot, qui les avoit forcés de quitter Saint-Gilles, au moment où le débarquement venoit de s'effectuer.

Cela nous mettra à même de nous porter sur Chollet, où nous étions fondés à croire que les troupes ennemies n'entreprendroient pas d'opposer de résistance, surtout d'après deux lettres des colonels du 75ᵉ et du 26ᵉ, adressées au lieutenant-général comte de Laborde, toutes deux sous la date du 20 mai, et qui avoient été interceptées : les voici (1).

---

(1) Copie d'une lettre datée de Chollet le 20 mai 1815 à midi par M. Prévost à M. le lieutenant-général, conseiller d'État, comte de Laborde, gouverneur, au nom de Buonaparte, des 12, 13 et 22ᵉ divisions militaires.

Mon général,

J'ai l'honneur de recevoir à l'instant votre lettre du 19 courant, laquelle me prescrit le mouvement à faire avec le 15ᵉ régiment.

M. le colonel Vavasseur, avec lequel je viens de conférer, pense, ainsi que moi, qu'actuellement notre mouvement sur Napoléon ne peut avoir lieu sans nous exposer aux inconvéniens les plus graves. Mortagne, les Herbiers, les Quatre-Chemins et les Essarts, par où nous devions passer, sont occupés par des bandes très-nombreuses, dit-on, qui ont beaucoup d'avantages par la situation des lieux : sur notre droite, Tiffauges est occupé par une bande; sur notre gauche, Saint-Aubin et les Aubiers ont deux bandes; sur nos derrières, Jallais est

Avant d'aller plus loin j'ai à t'apprendre que M. d'Autichamp m'a proposé à Jallais de remplir

---

aussi occupé par la sienne, en général, tout le pays est insurgé ; et, pour peu que nous fassions un pas en avant, notre situation devient plus critique, car la position de Chollet, qui n'offre aucun avantage, deviendra *inoccupable faute de pain*, puisque nous sommes obligés d'attendre pour la distribution journalière.

Vous n'ignorez sans doute pas, mon général, que la garnison de Chemillé s'en est retirée hier au soir ; ce dont nous sommes certains, puisqu'un détachement du 15e qui y est arrivé hier à dix heures du soir, n'y a trouvé personne, et a dû rétrograder de suite. D'après toutes ces considérations, M. le colonel du 15e et moi nous sommes convenus de rester ici ainsi que vous nous en donnez la latitude, nous ajoutons à nos observations que mon régiment *a peu de cartouches et point de pierres*.

Nous ignorons l'un et l'autre où peut être le général Travot, duquel nous n'avons reçu aucun ordre, toutes les communications étant interceptées avec soin.

Ce n'est qu'hier que j'ai été à même de vous adresser mon rapport sur l'engagement qu'a eu mon régiment, le 17, aux Echaubroignes ; j'avois cependant adressé, le 18, deux billets au colonel du 15e qui les a reçus et qui m'assure vous avoir fait part du contenu.

Un de mes blessés qui est resté au pouvoir des royales fonctions de major-général de l'armée d'Anjou qu'il commande, poste que M. Aimé Soyer a rempli si honorablement dans la dernière guerre,

----

listes et qui a été ramené ici par un détachement du 15e, qui, le 18, cherchoit à communiquer avec moi, m'assure que la force de l'ennemi étoit au moins de cinq mille hommes, dont deux mille entroient à Maulévrier, à l'instant de ma sortie ; le reste étoit divisé en une forte colonne sur la gauche des Echaubroignes, une colonne sur la droite dudit bourg, et enfin occupoit les maisons de ce même bourg. Il me paroît d'après ces dispositions, que l'ennemi vouloit me forcer à rétrograder sur Maulévrier qui offre une position avantageuse, où j'aurois été assailli par deux mille hommes qui s'en étoient emparés.

Je conclus donc que si je n'avois pas traversé franchement le bourg des Echaubroignes, mon régiment se seroit trouvé dans un embarras extrême, et sa perte eût pu être énorme; tandis qu'un habitant venu ici ce matin du lieu où s'est donné le combat, assure qu'à l'instant où je traversai le bourg il y eut un mouvement de désordre parmi les royalistes, qui se rallièrent cependant, et qui me suivirent jusqu'à l'instant où, ayant pris position, je les forçai définitivement à la retraite.

On va jusqu'à dire que leur perte est de quatre cents hommes, ce que je crois exagéré.

Présumant que mon rapport d'hier vous est parvenu, je

et que la gravité de ses blessures a mis hors d'état d'entreprendre cette campagne. J'ai été

---

je ne vous entretiens pas des motifs puissans qui m'ont déterminé à me retirer hier ici.

J'ai l'honneur d'être, etc.

Le colonel du 26ᵉ régiment,

Signé, M. PRÉVOST.

P. S. Je ne connois point encore l'ancienneté du colonel du 15ᵉ; la mienne date du 17 novembre 1821.

Copie d'une lettre écrite par M. le Vavasseur, colonel du 15ᵉ de ligne, à M. le lieutenant-général comte de Laborde.

Chollet, le 20 mai 1815.

Je reçois à l'instant votre lettre du 19 courant, et j'ai remis à M. le colonel Prévost, qui m'a rejoint hier ici, celle à son adresse : nous n'avions encore reçu ni l'un ni l'autre d'ordre de M. le lieutenant-général Travot.

D'après les rapports que j'ai eu l'honneur de vous adresser, le 18 et le 19, et celui de M. le colonel Prévost, vous auriez cru que nous nous trouvions ici dans une position difficile, et tous les jours à la veille d'être attaqués par des partis que l'on assure être très-nombreux. J'avois envoyé hier à Chemillé un détachement pour correspon-

très sensible à cette marque de confiance de M. d'Autichamp; mais j'ai refusé d'accepter un

---

dre avec l'officier qui commandoit; et en même temps porter deux lettres à votre adresse; l'une de M. le colonel Prévost et l'autre de moi : on n'y a plus trouvé personne. Les troupes qui y étoient en venoient de partir il y avoit environ une heure, et l'on ne savoit par pourquoi : les lettres ont été remises à l'adjoint, qui a promis de vous les faire passer.

Nous nous sommes concertés, M. le colonel Prévost et moi, sur le mouvement que vous donnez l'ordre d'exécuter, et nous avons pensé qu'il étoit impossible de l'exécuter dans ce moment, et que l'ordre arrivoit trop tard. Nous avons devant nous, tant sur la route de Napoléon que sur celle de Nantes et de Beaupreau, des rassemblemens considérables. Le plus nombreux se trouve aux Quatre-Chemins, où il y a beaucoup de royalistes; sur la route de Napoléon, ils occupent de très-belles positions, Mortagne, les Herbiers, les Quatre-Chemins et les Essarts : nous aurions alors quatre affaires à soutenir, et nous pourrions y perdre beaucoup de monde : si nous venions à échouer et à ne pouvoir passer, notre retraite sur Chollet seroit sans doute coupée, parce que le parti qui se trouve à Jallais, viendroit occuper cette ville, ainsi que celui qui est du côté de Chemillé, qui a été abandonné hier. Puisque vous nous accordez la latitude

emploi qui demande plus d'aptitude que je n'en ai, et surtout plus de connoissance de ce genre

---

de faire ce mouvement, ou de ne pas l'exécuter si nous entrevoyons des obstacles, nous avons jugé que nous devions rester ici, d'autant plus que les rapports font présumer qu'il s'est porté des partis sur Saint-Gilles et sur Napoléon, et que nous y arriverions trop tard. Nous ne savons pas comment nous vivrons ici, si nous y restons davantage : *le pain est presque assuré pour demain ; mais nous ne sommes pas certains d'en avoir après demain. Toutes nos communications avec vous sont occupées, depuis surtout l'évacuation de Chemillé, et l'on prétend que de ce côté, M. d'Autichamp a dix-huit mille hommes. Si nous étions attaqués ici par des forces supérieures, et obligés de nous retirer, nous trouverions sans doute notre retraite coupée, soit sur Angers, soit sur Saumur, par les partis qui sont du côté de Chemillé. Si l'on ne nous envoie pas promptement des troupes, il conviendroit peut-être de nous rapprocher d'Angers et de Saumur, pour couvrir ces deux villes.*

M. le colonel Prévost vous parle d'une chose essentielle dont il a besoin, et que l'on ne peut pas se procurer ici.

Il n'y a plus de correspondance de gendarmerie par Chemillé et par Vihiers ; il n'est pas très-sûr d'y envoyer peu de monde ; ainsi il sera fort difficile de correspondre avec vous par cette voie ; il n'est point aisé de trouver

de guerre, ainsi que des personnes et des localités. Je lui ai ajouté qu'en venant rejoindre son armée, je n'avois apporté aucune espèce de prétention; que j'étois venu comme simple volontaire, et qu'il pourroit m'employer comme bon lui sembleroit, soit dans les divisions, soit dans l'état-major; qu'il ne lui seroit sûrement pas difficile de trouver parmi ses officiers quelqu'un plus capable que moi de remplir cette place distinguée; que les anciens Vendéens seroient peut-être étonnés de voir placer en quelque sorte au-dessus d'eux, un officier qui n'avoit pas fait ses premières armes dans la Vendée. M. d'Autichamp a insisté; mais j'ai persisté plusieurs jours dans mon refus, tout en m'occupant néanmoins dans nos marches à

───────────

des gens qui veuillent se charger de porter des lettres. Nous sommes fort mal servis par les habitans du pays, et l'on ne peut pas même être instruit par eux des mouvemens de l'ennemi. J'ai fait partir ce matin un détachement pour le Mai, où l'on m'a dit qu'il y avoit un rassemblement ; il n'est point encore revenu.

J'ai l'honneur d'être, mon général, avec la considération la plus distinguée,

Le colonel du 15ᵉ de ligne,

Signé, F. LE VAVASSEUR.

des fonctions d'officier d'état-major. Mais pressé par beaucoup d'individus qui m'ont fait sentir combien il étoit important pour que les choses eussent une marche régulière, que quelqu'un fût à la tête du travail, j'ai accepté hier de me rendre à Chollet avec M. Martin Bodinière, colonel vendéen, ancien aide-de-camp de Bonchamps et de Stofflet, pour préparer le campement de notre armée dans cette ville et les environs, d'où nous savions que l'ennemi devoit être parti. J'étois bien aise d'être associé à un officier aussi distingué, qui avoit toute l'habitude de cette guerre, et une grande connoissance des lieux. Nous avons agi de concert, et à cette condition qui convient à mon caractère, je me sens disposé à faire mes efforts pour répondre à la confiance du général et à l'attachement que m'ont témoigné, dans cette circonstance, mes anciens et mes nouveaux camarades.

Ce fut avant-hier matin 22 mai, que nous nous rendîmes à Chollet, M. Martin Bodinière et moi, d'après les ordres du général, accompagnés de plusieurs officiers et de quelques cavaliers. Je suis encore à concevoir si c'est un rêve, et je me demande souvent ce que j'aurois pu répondre il y a quinze jours à la personne qui m'auroit dit qu'avant la fin du mois je me présenterois comme autorité militaire chez le maire de la ville de Chollet, pour lui annoncer de la part d'un général fidèle aux Bourbons, qu'il entreroit le soir dans sa ville avec dix mille hommes de troupes royales, lui enjoignant de s'occuper à faire préparer des vivres pour tout ce monde. Oui, dix mille hommes environ, ma chère amie, voilà jusqu'ici la force de notre armée, dont le recrutement total s'est opéré dans l'espace de sept jours, recrutement bien volontaire assurément, et auquel je pense que les buonapartistes ne pourront plus opposer la négative sur les bruits répandus d'un soulèvement dans la Vendée. Nos forces s'accroissent d'ailleurs de jour en jour sur tous les points. C'est en parcourant notre pays, le drapeau blanc déployé, pour faire reconnoître le Roi dans les villes et les bourgs, que l'armée royale d'Anjou est parvenue à faire cette entrée glorieuse dans la principale ville de l'arrondissement. Nous sommes aujourd'hui maîtres de Chollet, où quelques hommes ardens auroient peut-être essayé d'entrer quatre jours plus tôt en attaquant un ennemi qui s'y étoit retranché : mieux vaut avoir fait cette conquête sans combat. Personne, il est vrai, n'est mort ici pour la gloire de la bonne cause, ni même pour le soutien de l'usurpateur; Dieu en soit loué! car ce sont nos compatriotes qui nous auroient été opposés. Si le premier devoir d'un général est de ménager le sang du soldat, dût-il dans de certaines occasions perdre un peu de la gloire personnelle que la précipitation d'une attaque lui auroit peut-être méritée, à plus forte raison doit-il être avare de celui de ses propres concitoyens, dont la plupart sont des pères de famille, hommes qui l'ont choisi pour les guider momentanément aux combats! C'est la position habituelle dans laquelle se trouvent les généraux des armées vendéennes. Nous avons aussi eu, dans cette circonstance, le bénéfice de nos cartouches, ce qui n'est pas sans importance.

———

Chollet, dans la nuit du 24 au 25 mai.

La journée qui vient de se passer a été trop remarquable parmi nous, ma chère amie, pour que je ne t'en rende pas compte.

M. d'Autichamp reçut hier matin une lettre de M. le marquis de Larochejaquelein, qui lui témoignoit d'une manière amicale le désir qu'il avoit de le voir pour s'entendre avec lui sur toutes nos opérations; lui ajoutant que le Roi lui avoit donné l'ordre de prendre provisoirement le commandement de toute l'armée vendéenne, et qu'il espéroit que cela n'altéreroit en rien la bonne intelligence qui devoit régner entre eux deux, d'autant qu'il seroit disposé à lui obéir lui-même d'après la supériorité de son grade si le Roi le lui ordonnoit.

Quelques raisons que dût avoir M. d'Autichamp d'être étonné et même blessé de l'autorité que venoit prendre M. Louis de Larochejaquelein dans tout le pays, il lui a suffi de lire dans cette lettre que c'étoit au nom du Roi, pour ne pas songer à son grade ni à ses anciens services dans la Vendée; il a préféré ne considérer que l'intérêt de Sa Majesté, plutôt que de compromettre par des prétentions intempestives l'accord qui doit régner entre tous les chefs et les officiers des armées vendéennes, si l'on veut obtenir de bons résultats. Il est fâcheux d'avoir à observer ici qu'il est bien difficile qu'il existe une parfaite intelligence entre les généraux des armées vendéennes, ainsi que l'expérience l'a prouvé dans l'ancienne guerre. Voici une des principales raisons qu'on peut en donner.

La Vendée militaire se compose de plusieurs territoires adjacens les uns aux autres, qui forment tous ensemble un pays fort étendu, et tel qu'il y a des royaumes et bien des États dans l'Europe qui comportent moins de lieues carrées, et moins de population qu'il ne s'en trouve dans cette portion de la France, qui s'est déclarée ennemie de la révolution. Ce sont des contrées ou des cantons en quelque sorte confédérés, parfaitement unis, dont les habitans ont le même esprit, et qui tendent par leurs efforts au maintien de l'autel et du trône, qu'ils se soient ou non concertés entre eux pour leurs opérations ; mais la différence des positions et les intérêts particuliers de chaque localité apportent nécessairement des variétés dans les idées des chefs et de leurs subordonnés, lorsqu'il s'agit d'asseoir les bases d'un plan d'attaque ou de défense. C'est ainsi qu'en 1793, les avis furent partagés pour le passage de la Loire, et que Charette s'obstina à rester dans son pays; comme à d'autres époques, certains généraux crurent devoir prêter l'oreille aux propositions de paix qu'on leur faisoit dans l'intérêt du pays, tandis que d'autres, d'humeur et de caractère différent, ou placés de manière à croire pouvoir encore opposer de la résistance, repoussoient bien loin toute espèce d'ouverture, se sentant appuyés de l'opinion de leurs principaux officiers. Ce sont des considérations auxquelles on peut être forcé d'avoir égard, selon les temps et les lieux, et dont un Prince même ne pourroit se défendre par les raisons que j'ai encore à déduire.

On ne doit pas perdre de vue que les armées vendéennes se composent de cultivateurs, qui, marchant sans vivres et sans bagages, ne peuvent se résoudre à rester absens de chez eux un long espace de temps : d'où il s'ensuit que ceux qu'on vient de rassembler sont toujours beaucoup mieux disposés à se porter où bon semble aux chefs, que ceux qui sont sur pied depuis plusieurs jours, surtout quand c'est à de grandes distances, et hors de leur propre territoire qu'on veut les conduire. Cela se conçoit, et doit suffire pour donner à penser que des masses aussi fortes ne peuvent guère se mouvoir à la volonté seule de leurs chefs, comme cela arrive dans les armées régulières, pliées d'avance à l'obéissance militaire; ce n'est, au contraire, que par la persuasion, qu'on peut faire agir les Vendéens, en leur montrant l'utilité de ce qu'on veut leur faire faire. Dans les troupes réglées, les officiers reçoivent leur autorité du gouvernement, et ils ont sous eux des soldats obligés de leur obéir; dans la Vendée, un officier n'a d'autorité qu'autant qu'il inspire de la confiance; s'il est heureux, s'il a soin des troupes qui l'ont choisi pour chef, son autorité s'accroît; elle s'affoiblit, au contraire, quand il est malheureux, quand il commet des fautes, ou quand il agit contre l'opinion générale, sans avoir égard aux coutumes et aux préjugés du pays. Il est donc indispensable à un chef vendéen de ménager la confiance de ses hommes, ce qui met souvent des entraves à l'exécution d'un plan général. Il lui seroit impossible de s'en dispenser, parce que ceux-ci n'étant soldats que de leur propre volonté, sans engagement ni paie, ils ne peuvent pas être tenus d'obéir rigoureusement. Les officiers sont dans la même situation relativement à leurs supérieurs : on peut éloigner les Vendéens de leurs habitations pour quelques jours; mais dès qu'ils éprouvent des besoins, ou qu'ils ont le désir de retourner chez eux, rien ne peut les retenir; et, dans ce cas, les officiers devront céder au torrent, surtout s'ils s'aperçoivent que leurs prières et leurs raisonnemens ne produisent point d'effet sur les esprits : car sans cela ils pourroient bien rester seuls, et auroient plus de peine à faire de nouveaux rassemblemens.

M. le marquis de Larochejaquelein est arrivé ce matin à Chollet, comme il l'avoit annoncé d'avance, pour se concerter avec le comte d'Autichamp. Le nom chéri des Vendéens, qu'il porte, et les souvenirs glorieux qui s'y rattachent, ont suffi pour attirer vers lui les hommages des Angevins; car c'étoit la première fois qu'ils le voyoient au milieu d'eux. Il est vrai que nous foulions la terre que son frère Henri, ce héros vendéen, avoit arrosée de la dernière goutte de son sang. M. d'Autichamp nous a donné l'exemple d'un empressement marqué vis-à-vis du noble frère de son ancien ami; ainsi que l'ont fait les généraux des autres corps de l'armée qu'il a rencontrés, et qui paroissent avoir déféré jusqu'ici à ses ordres. Notre général n'a pas cru, d'après tous ces motifs, devoir lui faire la plus légère observation, ni lui parler des pouvoirs dont il le supposoit nanti, afin de ne point perdre un temps précieux dans des discussions qui pourroient nuire au succès que nous ambitionnons tous ; il n'a voulu voir en lui que l'officier dans lequel le Roi avoit placé sa confiance (1). Cette conduite a paru d'autant plus noble de la part de M. d'Autichamp, qu'il pouvoit rester indépendant sur son territoire, comme

---

(1) Nous avons su depuis que M. le marquis de Larochejaquelein, emporté par une ardeur excessive pour le soutien de la cause royale, avoit sans doute pris le change sur les paroles que le Roi lui avoit adressées lorsqu'il fut demander ses ordres et prendre congé de Sa Majesté, avant son départ de Gand pour l'Angleterre ; car il n'avoit point reçu d'ordre relatif au commandement général de l'armée de la Vendée, puisque M. le duc de Feltre, ministre de la guerre, résidant alors à Gand auprès du Roi, informé de ce qui s'étoit passé, adressa à ce sujet une lettre à M. le marquis de Larochejaquelein, datée du mois de juin 1815. M. le vicomte de Berthier, maréchal-de-camp, qui fut envoyé à cette époque en mission dans la Vendée, en fut le porteur ; il m'en a dit le contenu que le ministre ne lui avoit pas caché : Son Excellence lui spécifioit « que le Roi ne pouvoit approuver qu'il eût pris même provisoirement le titre de général en chef, parce que cela contribueroit plus à réveiller les anciennes jalousies qu'à les calmer. » Malheureusement cet

Stofflet l'avoit été pendant long-temps ; mais il a mieux fait, et la meilleure harmonie a régné hier entre tous les officiers d'Anjou et ceux du Poitou, qui avoient accompagné leur général. Une circonstance particulière a aussi contribué à maintenir cet accord. Il existe à Chollet une famille extrêmement recommandable, Madame Mauricet et ses enfans, négocians, qui ont perdu dans l'ancienne guerre et par l'effet de la révolution, dix-sept membres de leur famille, avec une partie de leur fortune. L'aîné de ses garçons vient d'abandonner les affaires de sa maison pour prendre un sabre et monter à cheval avec nous ; depuis trois jours leur maison est ouverte à tous les Vendéens, et l'on nous y donne abondamment tout ce dont nous pouvons avoir besoin, ce qui a procuré aux Angevins comme aux Poitevins l'avantage de ne se point séparer pendant leur séjour ici ; M. d'Autichamp et M. de Larochejaquelein ont couché dans la même chambre, union de bon augure ; au surplus, cet empressement à recevoir les guerriers

---

intrépide général vendéen n'a point reçu cette lettre, il avoit déja succombé pour son Roi lorsqu'elle fut envoyée à sa famille.

et à les bien traiter, tient au caractère des Vendéens, et est général dans le pays ; de sorte que, si nous jeûnons quelquefois, nous avons des momens où nous en sommes amplement dédommagés : car, après avoir couru plusieurs jours, et quelquefois la nuit, dans les champs de genêts et les ajoncs, n'ayant souvent trouvé qu'une seule métairie pour donner à manger à cent cinquante ou deux cents personnes, si nous venons à rencontrer un château ou une maison bourgeoise, nous sommes sûrs d'être grandement hébergés, et qu'on nous donnera tant qu'il y aura quelque chose au *logis*; il en est de même chez les simples habitans ; la différence gît seulement dans la qualité des mets, dans celle du vin et des lits qu'on nous offre, qui sont le plus communément de la paille sous les granges, quand nous ne jugeons pas prudent de la porter dans un champ voisin pour éviter d'être surpris.

J'ai eu à cœur d'avoir une conversation particulière avec M. Louis de Larochejaquelein, auquel je me suis fait connoître ; je lui ai communiqué les dernières lettres que j'avois reçues de M. de Marans et de M. de Cheffontaines, et appris ce qu'ils me marquoient de leur correspondance avec M. le duc de Bourbon. Il a été satisfait de penser que nous pourrions bientôt revoir ce prince parmi nous. Ce général m'a paru digne du rôle qu'il est appelé à remplir, par son exaltation royaliste, et par l'aménité de son caractère, si, comme je l'espère, il peut unir à ces qualités premières le sang-froid et la prudence qu'exige la guerre que nous allons faire avec des soldats qui ne ressemblent point à ceux qu'il a commandés jusqu'ici, et dont on doit étudier les coutumes, les mœurs et la manière de se battre : ce qui me donne, je l'avoue, beaucoup à penser depuis quelques jours, en songeant à la différence des troupes avec lesquelles j'ai servi. J'ai cependant éprouvé une véritable jouissance aujourd'hui à voir passer la revue de nos troupes par les généraux, et à entendre la messe militaire qui a été dite au milieu du champ de foire, sur un autel dressé à cet effet; il étoit imposant de voir cette forte portion du peuple vendéen toute armée, entourant ses officiers, qui portoient sur leur physionomie un caractère de joie et d'espérance difficile à décrire.

Ce tableau mouvant d'hommes de tous états, métayers, artisans, bourgeois, gentilshommes, la plupart dans leur costume ordinaire, avec un fusil sur l'épaule, ou le corps ceint d'un ceinturon qui soutenoit leur sabre, quelques-uns en uniforme vendéen, le panache en tête, beaucoup ayant adopté l'ancienne ceinture formée d'une bande de mouchoirs de couleur des fabriques de Chollet, d'où l'on voyoit sortir la crosse de leurs pistolets ; chacun se créant un costume guerrier selon sa fantaisie ; plusieurs laissant apercevoir leurs moustaches naissantes, et d'autres enfin portant une croix en drap de couleur, appliquée sur leur poitrine ; ce tableau, dis-je, d'un élan qu'on peut bien dire national, avoit quelque chose d'admirable, au milieu de cette ville populeuse, animé surtout comme il l'étoit, par des conversations bruyantes, des chansons royalistes anciennes et nouvelles, dans lesquelles étoient souvent répétés les noms de Larochejaquelein, de Bonchamps, d'Autichamp, suivis des cris multipliés de *vive le Roi!* Voilà ce que j'ai vu ; et quiconque a été témoin de cette journée n'a pu s'empêcher de penser que le motif de tant de mouvement et de joie devoit tenir à une cause grande et juste, en envisageant surtout, parmi ces milliers de têtes de tous les âges, une foule de figures sur lesquelles étoit peint un caractère de bonté et de simplicité, qui caractérise les hommes de bien.

Mais une chose qui a surpris et contrarié beaucoup d'individus, a été de voir constamment à côté de M. le marquis de Larochejaquelein, M. le général Canuel, qui paroît être son ami et avoir toute sa confiance : il lui a même donné l'emploi de major-général des armées, et c'est en cette qualité qu'il a pris place au conseil de guerre qui a été tenu, auquel j'ai assisté comme major-général de l'armée d'Anjou. Quelque disposés que soient les anciens royalistes à recevoir dans leurs rangs tous les nouveaux amis des Bourbons, beaucoup d'anciens officiers vendéens qui n'ont pas mis en oubli que ce général de la république et de Buonaparte avoit figuré parmi leurs ennemis, auroient pu le regarder de mauvais œil, s'ils n'avoient appris que M. de Larochejaquelein en faisait grand cas ; cela a suffi pour qu'on se tût ; mais on n'en est pas moins resté étonné de voir ce général figurer, en première ligne, sur un théâtre si différent de celui où il avoit gagné ses grades, dans un temps où l'on est peu fondé à croire aux conversions. Au surplus, il a eu la franchise de faire sa profession d'amour pour les Bourbons, en témoignant la satisfaction qu'il éprouvoit de se voir admis dans les rangs des hommes qu'il avoit autrefois combattus ; déclaration à laquelle tout le monde a répondu avec politesse. Il faut croire qu'il est sincère et que nous n'aurons qu'à nous louer de son caractère et de ses connoissances militaires, pourvu qu'il n'apporte pas ici des idées d'innovation, qui nuiroient à l'ensemble et à l'action des Vendéens, qui n'aiment pas le changement, et qui sont naturellement défiants. Il a été convenu dans le conseil que M. le marquis de Larochejaquelein alloit se porter sur la côte, où l'on espère recevoir de nouveaux secours des Anglais, et que le général d'Autichamp marcheroit sur le Pont-Barré, où se sont arrêtées les troupes qui occupoient précédemment Chollet et Chemillé, et les débusqueroit de ce poste en les forçant à se retirer jusqu'au pont de Cé.

Nous quittons Chollet aujourd'hui 25, pour prendre la direction dont on est convenu, avec le petit corps de troupes que M. d'Autichamp a cru à propos de conserver pour son opération ; le reste a été congédié.

Le 26, à Chemillé.

Les troupes de Buonaparte étant insuffisantes pour contenir la Vendée, il paroît que les agents du gouvernement ont eu l'ordre d'employer les moyens de séduction, en attendant les renforts qu'ils ont demandés. Nous venons d'en avoir la preuve dans des lettres assez singulières, qui ont été adressées à plusieurs officiers de marque de notre armée, par leurs parents et des personnes de connoissance qui sont d'une opinion contraire à la nôtre, et qui ont des relations avec les employés du gouvernement. L'une de ces lettres a été écrite à M. Martin-Tristan, colonel, un des adjudans-généraux de l'armée d'Anjou, homme influent du pays par sa fortune et la considération attachée à sa famille ; ayant un frère juge qui est fort estimé, et un autre, curé de Montrevaux, homme vénéré, qui a suivi l'armée dans la première guerre. On l'engage vivement dans cette lettre à quitter le parti qu'il a embrassé, lui disant qu'il en est encore temps ; qu'on se fait fort de lui en faciliter les moyens ; qu'il n'a probablement pas réfléchi au danger auquel il s'exposoit ;

qu'il compromettoit, non seulement son existence, mais celle de sa famille, et qu'il s'abusoit sur les prévenances des nobles, dont il ne connoissoit pas la morgue et les prétentions; qu'ils se moquoient de lui. M. Martin nous a communiqué cette lettre, s'en amusant avec une ironie tout-à-fait plaisante, qui prouve sa droiture et son bon jugement; aussi cette lettre restera sans réponse ainsi que plusieurs autres semblables. *Voilà nos camarades!* Il est clair que Buonaparte commence à envisager la Vendée comme une puissance qui pourroit le gêner dans ses projets, car on nous annonce l'arrivée d'un renfort de huit mille hommes d'infanterie et six cents chevaux, qui viennent se réunir au petit corps que commande Travot, et dont le général Lamarque doit prendre le commandement en chef, conservant sous lui les généraux Travot, Brayer et de Lâage : ce sont des hommes expérimentés qui nous occasioneront souvent des alertes comme il y en a eu dernièrement une à Aizenai, où l'actif Travot a surpris nos braves Poitevins dans la nuit, en passant par ce bourg pour retourner à Bourbon; ce qui a donné lieu à un engagement qui a coûté la vie à quelques Vendéens, parmi lesquels se trouve malheureusement

M. Guerry de Beauregard, beau-frère de M. de Larochejaquelein, et un jeune M. de Charette, neveu de l'ancien et célèbre général de ce nom.

L'arrivée de ces troupes changeant le cours des choses convenues entre nos généraux, M. d'Autichamp a reçu, ce matin 26, une lettre de M. Louis de Larochejaquelein, datée du 25, par laquelle il le presse de se mettre en marche pour aller le rejoindre aux Essarts, de manière à être rendu dans la matinée du 27, pour se réunir à lui et aux généraux de Sapinaud et de Suzannet, afin d'aller en force attaquer Travot, avant qu'il ait reçu ses renforts. Cet ordre du général en chef étoit d'une exécution impossible, à cause du trop court délai pour faire notre rassemblement et arriver sur le terrain indiqué le jour fixé. M. d'Autichamp lui a répondu que tout ce qu'il pouvoit faire pour que ses ordres à lui eussent le temps de parvenir dans les paroisses, étoit de fixer la réunion d'une partie de ses troupes au dimanche 28, laissant l'autre partie sous les ordres de M. Cady, un de ses chefs de division, auquel il prescriroit de pousser une forte reconnoissance sur le Pont-Barré, pour occuper l'ennemi venant d'Angers, le tenir en échec et lui masquer le mouvement qu'il alloit faire vers la côte.

Jallais, le 6 juin.

Le 27, M. d'Autichamp reçut de M. de Larochejaquelein un second avis, dans lequel il lui disoit qu'ayant égard à son observation, il le prioit de faire en sorte d'être rendu à Belleville le mardi à midi, et que lui alloit continuer sa marche; mais le 28, il reçut dans la matinée une autre dépêche du général en chef qui lui disoit : « Il faut nous attendre à des variations conti-
« nuelles, jusqu'à ce que nous nous soyons pro-
« curé les moyens d'entreprendre de grandes
« opérations : c'est pour arriver à ce but que nous
« nous portons vers la mer. Comme il est essen-
« tiel que vous nous secondiez, il faudra que
« vous vous portiez lundi prochain sur Montaigu,
« et mardi à Legé, où vous resterez jusqu'à ce
« que je vous dépêche un officier qui vous indi-
« quera le mouvement que vous aurez à faire. »

D'après cette nouvelle disposition, nous nous sommes mis en marche, après avoir désigné les points de la route sur lesquels différentes paroisses nous rejoindroient, afin de leur épargner des pas inutiles; et ce fut à Tiffauges que nous nous trouvâmes tous rassemblés, au nombre de trois mille hommes armés; mais nous ne pûmes dépasser cette ville dans le jour, malgré la diligence qu'avoient faite nos troupes.

Là, sont arrivés MM. de Malartic, de Flavigny et Victor de la Béraudière. Ce dernier était mon ancien camarade de l'armée de Condé; depuis il a été Vendéen, ayant servi avec distinction à la tête des chasseurs de Stofflet. En le voyant, je ne mis pas en doute qu'il ne vînt reprendre cette place honorable; mais quelle fut ma surprise, lorsqu'après l'avoir embrassé, il me dit qu'il n'étoit que passagèrement avec nous; qu'il étoit venu dans le pays avec MM. de Malartic et de Flavigny, pour avoir une conférence avec les généraux de la Vendée, de la part du ministre de la Police, de Fouché, qui est, m'ajouta-t-il, « tout dévoué au « Roi; qu'il agissoit dans les intérêts de Sa Ma« jesté, et de concert avec elle; qu'il connoissoit « les dispositions des cabinets de l'Europe; que

« la Vendée s'étoit levée beaucoup trop tôt ; que
« les hostilités n'étoient pas près de commencer
« aux frontières ; et que la Vendée pouvoit être
« écrasée avant cette époque par les troupes nom-
« breuses qu'on dirigeoit contre elle ; qu'on de-
« voit tâcher d'arrêter l'effusion du sang français,
« et qu'ils étoient porteurs de propositions avan-
« tageuses pour les pays insurgés, comme à tous
« les chefs royalistes ; qu'il seroit bon d'en pro-
« fiter pour reprendre les armes un peu plus tard
« avec plus de vigueur. » M. d'Autichamp a répondu à la première ouverture que ces trois messieurs lui ont faite de leur mission, qu'il les prioit
d'attendre un instant pour lui donner le temps de
réunir les officiers de son conseil ; qu'il vouloit
qu'ils fussent témoins de la réponse qu'il croyoit
devoir faire à leur demande.

Effectivement, notre général nous a rassemblés ;
et après avoir prié ces messieurs de répéter devant nous l'objet de leur mission, ce qu'ils ont
fait très brièvement, M. d'Autichamp a pris la
parole et a dit devant nous tous à ces messieurs :
qu'il ne vouloit point entendre parler plus long-
temps des propositions dont ils étoient porteurs,
que d'ailleurs ils pouvoient se rendre auprès du

général en chef, et des autres généraux de l'armée vendéenne. Voilà tout ce qui s'est passé dans cette circonstance à l'armée d'Anjou, que commande M. d'Autichamp. Aucun de nous n'a été dupe du piége de Fouché, auquel nous avons jugé que ces messieurs s'étoient laissé prendre, sans doute avec les meilleures intentions; et nous connoissons trop notre compatriote Victor de la Béraudière, ses services antérieurs et toute sa loyauté, pour n'être pas convaincus qu'en se prêtant à cette démarche, il a cru servir son parti et son pays : la conduite de tous les siens en est de plus un sûr garant.

Nous allâmes coucher le 30 à Vieille-Vigne, trois lieues au-delà de Montaigu ; mais nous ne pûmes arriver à Legé que le 31 dans l'après-midi, malgré notre marche forcée : c'étoit un jour plus tard que M. de Larochejaquelein l'avoit désiré. Nos troupes avoient manqué de pain dans la route, et nous n'en trouvâmes, pour ainsi dire, point à Legé, où notre arrivée n'avoit pas été prévue; ce qui indisposa un peu nos hommes, qu'on parvint néanmoins à satisfaire par toutes sortes de soins. M. d'Autichamp donna l'ordre à ses troupes de se tenir prêtes à marcher dans la nuit, avec la conviction qu'on avoit fait des dispositions pour nous assurer des vivres sur le point où nous devions nous rendre. C'étoit à Saint-Christophe, d'après un billet que notre général avoit reçu de M. de Larochejaquelein, dans la journée, et dans lequel il ne lui parloit pas de Travot ni de ses troupes ; nous étions donc tenus d'être sur nos gardes, ignorant où pouvoit être l'ennemi ; ce qui exigeoit une grande surveillance dans un pays aussi fourré que celui où nous étions.

Comme on pourroit peut-être mal interpréter notre marche rétrograde, je veux me recueillir ici plus qu'à l'ordinaire, s'il est possible, pour raconter les choses telles qu'elles se sont passées dans ce moment-là, afin de faire connoître les vrais motifs qui ont déterminé le général d'Autichamp à ne pas faire continuer à ses troupes leur marche vers la côte.

Nous sentions tous le besoin de nous y porter, pour seconder M. de Larochejaquelein, et nous procurer des secours d'armes et de munitions, si ardemment désirés, nous n'avions pas besoin d'être stimulés pour cela ; mais les nouvelles de ce qui se passoit en Anjou nous donnoient beaucoup d'inquiétude. Nous avions appris que des troupes de renfort, venues en poste de Paris, étoient parties d'Angers pour se joindre à celles qui s'étoient portées au Pont-Barré, et qu'elles marchoient sur Chemillé, dont il étoit présumable qu'elles alloient s'emparer, puisque le reste de nos troupes avoit été disséminé depuis notre départ; les unes faisoient face à l'ennemi qui pouvoit venir d'Angers, les autres gardoient la rive gauche de la Loire, sur laquelle les bleus nous inquiétoient avec des barques armées, menaçant nos villages. Elles n'étoient donc plus en forces suffisantes au Pont-Barré pour empêcher l'ennemi de pénétrer dans l'intérieur de notre pays, que nous étions tenus de défendre avant tout, non-seulement dans l'intérêt des habitans, mais dans celui de toute la Vendée. L'espoir peu assuré de recevoir des munitions n'étoit pour nous qu'un objet secondaire, à raison de notre éloignement de la côte (environ trente lieues); et si le général d'Autichamp s'est prêté à contrarier l'inclination de ses hommes à rester toujours à la proximité de leur pays pour le garder, on doit lui savoir gré des deux mouvemens qu'il a faits vers la côte, en cédant à l'invitation de ses collègues, et même en obéissant aux ordres du général en chef, obéissance toutefois d'un général vendéen à son collègue, et qui, suivant l'expérience, ne peut qu'être subordonnée aux circonstances et à ses obligations forcées envers ses troupes, ainsi que je l'ai expliqué plus haut.

Il a été malheureux pour nous, comme pour tous les autres corps de l'armée, que les dispositions nécessaires pour nous porter vers la mer, n'aient pu être faites d'avance et de manière à ce que nous fussions rentrés dans notre pays avant l'arrivée des troupes venant de Paris; mais étoit-ce possible, puisque cela dépendoit principalement de l'époque de l'arrivée des frégates anglaises sur la côte, et de la difficulté d'y porter nos troupes à jour fixe? Le temps de former nos rassemblemens, les distances que chaque détachement devoit parcourir, et les mouvemens qu'a fait l'ennemi pendant ce temps-là, sont les obstacles qui ont traversé cette utile entreprise, en nécessitant des changemens continuels dans les ordres que nous recevions du général en chef, et dont l'exécution étoit souvent impossible, sans parler des obstacles que cela mettoit à faire préparer des vivres à l'avance pour nos troupes, puisque chaque jour nous apportoit un changement de destination, et que nos armées sont, comme on sait, sans magasins de vivres et sans moyens de transports prompts.

Outre l'embarras des subsistances où nous nous trouvâmes en arrivant à Legé, et dont notre monde se plaignoit amèrement, nous eûmes encore l'esprit agité d'une autre manière. M. de Sapinaud mandoit à M. d'Autichamp qu'il s'étoit trouvé dans une grande pénurie de vivres sur la route, et lui conseilloit d'envoyer du monde en avant pour s'en précautionner. M. de Suzannet lui marquoit la même chose : ces généraux nous précédoient d'une marche. Il paroît qu'on n'avoit donné nulle part d'ordre de préparer des vivres, ni même prévenu de l'arrivée des différens corps, et nous n'avions pu suppléer, dans la journée, au manque de pain pour nos hommes, qu'en leur distribuant du vin et un peu d'eau-de-vie. Ce fut sur ces entrefaites que M. d'Autichamp apprit que MM. de Sapinaud et de Suzannet qui nous devançoient vers la côte étoient revenus sur leurs pas, qu'ils étoient à Falleron, et que leurs troupes se débandoient. Voulant s'éclairer sur ces bruits affligeans, notre général prit le parti de se rendre de sa personne auprès de ces messieurs. Il partit avec un seul de ses aides-de-camp, M. de Charbonnier, en m'ordonnant de faire bivouaquer ses troupes dans une lande près de Legé et d'attendre son retour.

A son arrivée, le général nous a dit qu'il avoit vu ces messieurs, qui lui avoient confirmé ce que nous avions appris, le découragement de leurs soldats qui témoignoient, depuis la veille une grande répugnance pour s'avancer dans le Marais. Ils étoient convaincus qu'ils y manqueroient de pain, témoignant aussi leur inquiétude sur la difficulté du retour, vu l'incertitude encore du débarquement des armes et des munitions, et l'activité du général Travot qui venoit de recevoir des renforts. Ces messieurs avoient eu, la veille, une entrevue avec le général en chef, M. Louis de Larochejaquelein, auquel ils avoient fait part de cet éloignement qu'avoient leurs soldats pour pénétrer dans le Marais, d'après le souvenir des misères qu'ils y avoient éprouvées autrefois. Ces messieurs avoient en conséquence invité le général à différer sa marche, du moins jusqu'à ce qu'il eût un avis positif de l'escadre anglaise, dans la crainte de nous éloigner de notre pays sans être assuré d'en tirer avantage, lui ajoutant qu'il seroit sage de tenir un conseil des principaux officiers suivant l'usage dans la Vendée, pour aviser au meilleur parti qu'il y auroit à prendre dans la circonstance. M. le marquis de Larochejaquelein n'a point eu égard à leurs observations, et il s'est alors décidé à partir seul avec 1,500 Poitevins. C'est dans cet état de choses que MM. de Sapinaud et de Suzannet, entraînés par leurs soldats, se sont décidés à revenir à Legé pour s'y réunir à la division de l'armée d'Anjou, et d'après l'explication que ces messieurs ont donnée à M. d'Autichamp des motifs qui les avoient déterminé à s'éloigner du Marais, M. d'Autichamp s'est rangé à leur avis. Ils ont alors écrit collectivement à M. de Larochejaquelein que le manque de vivres qui se feroit encore plus sentir si les troupes se réunissoient sur un même point, joint à la disposition actuelle de leurs soldats, les déterminoit à l'engager de différer son projet d'entrer dans le Marais; que beaucoup de raisons s'y opposoient pour l'instant; qu'ils alloient rentrer chacun dans leur pays, et qu'après avoir fait de nouveaux rassemblemens et pris des moyens pour assurer la subsistance des troupes on pourroit se porter en masse sur l'ennemi.

M. le marquis de Larochejaquelein n'eût point égard à l'avis de ses confrères qui avoient sur lui l'avantage d'avoir fait la guerre de la Vendée et de connoître plus particulièrement l'esprit des hommes qu'ils commandoient; beaucoup d'officiers en furent affectés dans la crainte qu'il n'en résultât des sujets continuels de discorde.

La dissolution presque complette des corps de Sapinaud et de Suzannet rendoit la retraite de celui de M. d'Autichamp d'autant plus nécessaire qu'ayant la Sèvre assez loin derrière nous, il auroit pu arriver que quelque général entreprenant, informé de notre mouvement rétrograde, se fût porté sur cette rivière pour nous en barrer le passage, ce qui eût rendu notre rentrée en Anjou beaucoup plus difficile. Au surplus quelques-uns de nos gens avoient déjà pris les devans, et il s'étoit établi dans la nuit même, un petit commencement de désertion des hommes les plus ennuyés de la durée de notre rassemblement et les moins disposés à se contenter d'une demi-ration de pain. Au reste ils ne s'en cachoient pas, s'expliquant hautement à cet égard et nous annonçant leur départ pendant la nuit par des coups de fusil tirés dans les bois, sans renoncer pour cela à recommencer une autrefois. Nous parvînmes néanmoins à arrêter ce petit désordre, non pas comme à l'armée de Condé, en faisant pendre ou fusiller les délinquans, mais en les raisonnant, le seul moyen vis-à-vis d'hommes aussi généreux.

Beaupreau, le 7 juin.

Revenu en Anjou, M. d'Autichamp s'occupa de suite des moyens de nous débarrasser du voisinage des troupes de Buonaparte, qui s'étoient emparées de Chemillé. Aussitôt que ses hommes eurent pris un peu de repos, il fit former de nouveaux rassemblemens pour aller attaquer l'ennemi, auquel on supposoit l'intention d'occuper Chollet, pour rétablir les communications d'Angers à Bourbon-Vendée.

Dans cet intervalle, M. d'Autichamp reçut plusieurs lettres de son ami, M. le comte de Suzannet, qui lui rendoit compte des événemens qui avoient suivi notre départ de Legé. Il lui mandoit qu'occupé de la position de M. de Larochejaquelein dans le Marais, où il pouvoit être forcé d'un moment à l'autre, il faisoit de nouvelles dispositions pour lever son pays et aller à son secours; il l'engageoit à faire de même, lui ajoutant qu'il avoit envoyé un officier à la côte, pour savoir si l'on pouvoit compter sur un débarquement, et d'après une lettre du commandant de l'escadre, il y avoit lieu de croire qu'on auroit des secours en tout genre ; il lui annonçoit son départ à jour déterminé, en le priant d'envoyer aussi un fort détachement de son armée, afin de réunir leurs efforts pour faire échouer les plans de l'ennemi ; et par post-scriptum il mettoit : Si j'en crois les bruits qui courent, M. Louis de Larochejaquelein nous a destitués tous les trois, Sapinaud, toi et moi. Sans s'arrêter à cet acte d'autorité aussi déraisonnable qu'impolitique, que venoit de faire le marquis de Larochejaquelein dans un moment d'humeur, et suscité sans doute par une autre personne, M. d'Autichamp n'en fit pas moins réunir à la hâte une division de quinze cents hommes pris sur les frontières du Poitou, dont il donna le commandement au marquis de la Bretesche, avec ordre de joindre le corps du général Suzannet, de le suivre dans sa marche et de seconder ses opérations.

Malgré les suites fâcheuses que pouvoit avoir

cette prétendue destitution, il nous fut impossible de prendre au sérieux un arrêté qui ne pouvoit recevoir son exécution. Les conseillers de M. de Larochejaquelein, novices dans la Vendée, n'avoient pas songé que l'arbitraire y réussit difficilement, surtout quand le motif est injuste, et que les chefs qui tiennent leur autorité de la confiance des habitans ne sont pas amovibles à la volonté d'une commission spéciale. Ces messieurs auroient d'ailleurs dû penser que ceux qu'ils désignoient pour remplacer les généraux d'Autichamp, de Sapinaud et de Suzannet, qu'on disoit être MM. de Durfort-Civrac, du Chaffault et du Perrat ne viendroient point se mettre à la place de ces trois estimables généraux.

M. d'Autichamp se trouvant alors en mesure partout, fit porter sur Chemillé deux de ses divisions bien armées. Le général Brayer qui y étoit avec une partie de la jeune garde, étant informé de ce mouvement et de notre supériorité, se retira dans la nuit pour prendre poste au Pont-Barré. Nous apprîmes qu'il y avoit trouvé de nouveaux renforts venus d'Angers. Notre général a fait aussi venir d'autres détachemens pour augmenter ses forces qu'il a portées à cinq mille hommes. Il les a immédiatement dirigées sur Saint-Lambert, dans l'intention de tourner la position du Pont-Barré; il fit avancer dans le soir quelques éclaireurs pour observer l'ennemi, remettant l'attaque au lendemain; mais dans la nuit, les troupes de l'usurpateur se replièrent sur Angers, d'où nous apprîmes bientôt que tout ce qu'il y en avoit de disponibles étoient parties pour Nantes.

D'après ces démonstrations qui ont délivré entièrement l'Anjou de nos ennemis, nous nous sommes transportés à Beaupreau et de là à Gesté, d'où nous allons continuer notre marche pour appuyer le mouvement du comte de Suzannet.

———

Gesté, le 9 juin.

Ma chère amie,

Nous sommes dans l'affliction, et la vue de nos physionomies suffit pour révéler que nous venons d'éprouver un grand malheur, ce qui fait bien juger les sentimens dont les Vendéens sont susceptibles. M. Louis de Larochejaquelein n'existe plus. Le Poitou, l'Anjou et la Bretagne sont plongés dans la douleur. Ce général est mort les armes à la main; il est mort pour son Dieu et pour son

Roi, cela va sans dire : c'étoit le vœu qu'il avoit formé depuis long-temps. Il a péri par le feu de l'ennemi dans le Marais où sa noble ardeur et son zèle l'avoient entraîné. Que n'avoit-il suivi, en dernier lieu, le conseil de ses frères d'armes, de plusieurs de ses amis et de son parent, le comte de Suzannet, général qui appréciait, comme nous tous, ses grandes qualités. Une idée console néanmoins, c'est que son nom se trouvera toujours lié à l'entreprise qui avoit pour but le bonheur de la France : c'est à ses soins et à ses démarches que nous sommes particulièrement redevables de quelques armes et d'une partie de nos munitions, comme de l'espoir d'en recevoir bientôt d'autres. Il avoit été lui-même en Angleterre, avec l'autorisation du Roi, pour obtenir ces secours, en régler le départ et donner les renseignemens qui pourroient en faire réussir le débarquement sur notre côte. Il n'avoit peut-être pas assez calculé les difficultés qu'il auroit à surmonter pour faire arriver tous ces trésors dans nos mains. La guerre de la Vendée présente à chaque instant des inconvéniens qui ne se rencontrent point dans les autres guerres; il eût été sage à lui de conférer sur ces opérations avec les hommes expérimentés du pays; mais pressé par le temps, dominé par le désir ardent de voir son plan se réaliser, il s'en est rapporté, pour ainsi dire, à lui seul, n'écoutant que les sentimens dont son âme étoit pénétrée. Dieu et le Roi, c'étoit sa devise, ainsi que celle de tous les siens; et il s'est sacrifié. Maintenant qu'il jouit du bonheur des justes, espérons que ce ne sera pas en vain qu'il a travaillé pour nous, et que sa famille et l'armée trouveront quelque consolation à sa perte en voyant un jour ces contrées, qui lui étoient si chères, jouir du bonheur et de la tranquillité pour lesquels il s'est dévoué à la tête des habitans qui se distinguent par un si beau caractère et par leurs qualités guerrières.

Quel spectacle, ma bonne amie, que l'expression de la douleur d'une armée qui perd un général qu'elle estimoit, et d'un nom si cher aux royalistes ! chacun songe à le venger; les jeunes gens surtout brûlent d'être en présence de ceux qui nous ont ravi ce digne serviteur du Roi. Voici l'ordre du jour que notre général, le comte d'Autichamp, a donné pour annoncer cette perte cruelle (1).

---

(1) Ordre du jour daté de Gesté, du 9 juin 1815.
Le comte Charles d'Autichamp, lieutenant-général des

Une seule chose nous étonne dans la version qu'on nous a faite sur l'engagement dans lequel

---

armées du Roi, commandant de l'armée royale d'Anjou;

A ses frères d'armes et aux braves royalistes de toutes les classes qui ont eu la générosité de se rallier à lui pour concourir au renversement du tyran.

Nous sommes tous amis; je suis le vôtre comme vous êtes les miens, puisque nous sommes tous royalistes. Je dois donc vous tenir à tous le même langage et vous faire une ouverture franche de la position où nous nous trouvons.

A qui dois-je en effet ouvrir mon cœur, si ce n'est à vous tous qui, depuis un mois, n'avez pas cessé de me donner des preuves de la plus grande confiance, comme celle d'un dévouement sans bornes à la plus juste des causes?

Je suis accablé, mes amis, et pénétré de la plus vive douleur du bruit qui circule de la mort du marquis de Larochejaquelein, du frère de l'homme dont le souvenir réveille toujours en nous les sentimens du devoir. Cette mort provient peut-être d'un excès de témérité qui, à tant d'époques et dans tant d'occasions, servit la cause du Roi. Mais dans la position où s'est trouvé notre pays, occupé par l'ennemi au moment où nous nous sommes levés, menacés de voir arriver contre nous des forces bien supérieures, comme il en est arrivé et comme nous devions

a péri M. Louis de Larochejaquelein, c'est qu'il n'y a eu que cinq ou six hommes de tués : il

---

supposer qu'il en arriverait, jusqu'à ce que les hostilités fussent commencées sur la frontière, n'étoit-il pas de notre devoir et de l'intérêt commun de calculer notre marche et nos plans en raison de nos moyens de défense ?

L'espérance de recevoir des armes et des munitions a été notre principal objet. Le marquis de Larochejaquelein, plus à portée que nous de connaître l'arrivée d'une flotte, nous a donné plusieurs fois l'avis d'un prochain débarquement en nous engageant à nous rapprocher de lui, ce que nous avons fait deux fois avec beaucoup d'empressement, non-seulement pour recevoir des munitions, mais aussi par le désir de confondre entre eux les soldats de toutes les armées qui ne doivent en faire qu'une si nous voulons servir le Roi efficacement.

C'est donc avec une abnégation entière de tout intérêt personnel que nous devons tous agir; c'est le sentiment que j'apporte ainsi que tous les officiers de mon armée, et qui est le même, n'en doutez pas un moment, parmi tous les Poitevins.

L'ennemi toujours actif, toujours prêt à employer contre nous toutes sortes d'armes, veut joindre à ses baïonnettes une arme plus dangereuse, celle de la division. Il cherche à la semer parmi nous; il circule à cet égard des bruits faux et perfides. Il ne réussira pas; nous

est vrai que les royalistes ont dû profiter des fossés du Marais pour se retrancher lorsqu'ils ont appris qu'une colonne ennemie s'avançoit pour les combattre; mais par le petit nombre de morts et de blessés il sembleroit que l'affaire n'a pas été vive. Le brave général s'est donc porté seul en avant des siens au Pont-des-Mathes, pour juger la force de l'ennemi et combiner ses mouvemens; sans doute alors il se trouvoit isolé de tant de généreux amis qui lui eussent fait un rempart de de leurs corps; nous avons seulement entendu

---

nous rallierons tous au nom du Roi. Conservons donc notre bon esprit, mes amis. Je vais m'entendre avec les généraux des autres armées, dont j'ai été obligé de m'éloigner un moment pour venir au secours de notre pays, sur lequel l'ennemi s'étoit porté avec de nouvelles forces; il l'a quitté à votre approche. Votre levée prompte et votre ardeur m'ont convaincu que nous l'eussions détruit s'il nous eût attendus. Le sang de nos braves n'a pas coulé; je m'en réjouis en songeant que vous êtes prêts à l'offrir de nouveau si l'occasion s'en présente. Comptez tous sur moi, mes amis, comme je compte sur vous, et croyez que je n'ai d'autre pensée que celle du rétablissement de Louis XVIII sur son trône.

Vive le Roi!

parler d'Auguste de Larochejaquelein, si digne de braver la mort à côté de son frère, ainsi qu'il en apporte la preuve, puisqu'il y a été blessé. Un jeune homme appelé Guignes, à peine âgé de seize ans, fut aussi tué auprès de lui. C'est une simple réflexion sur laquelle nous ne pouvons pas nous étendre davantage, puisque nous n'y étions pas et que plusieurs de ceux qui s'y trouvoient auroient peut-être de la peine à nous rendre un compte exact de tout ce qui s'est passé dans cette journée; c'est du moins ce qui arrive communément à la guerre. Je ne me hasarderai donc pas à parler plus longuement d'une affaire qui s'est passée loin de moi.

Montfaucon, le 11 juin.

Ma chère amie,

Après l'événement déplorable dont je t'ai rendu compte, il a été convenu entre tous les chefs des différens corps d'armée, qu'ils se réuniroient pour arrêter ensemble leurs opérations. C'est à Montfaucon, où M. d'Autichamp s'est porté avec ses troupes, que MM. de Sapinaud, de Suzannet, Auguste de Larochejaquelein et le lieutenant-général Canuel sont venus le rejoindre. Ces messieurs ont jugé qu'il étoit instant de nommer provisoirement un général en chef qui pût, en attendant l'arrivée du duc de Bourbon, donner à nos divers rassemblemens l'action et l'ensemble que les circonstances exigeroient. Toutes les voix se sont réunies sur le général Sapinaud, qui étoit le plus ancien des généraux de l'armée. Les autres emplois ont été répartis ainsi qu'il suit :

M. Auguste de Larochejaquelein, major-général.

M. Canuel, aide-major-général ; mais il a dit préférer servir comme volontaire.

M. d'Autichamp, commandant du premier corps ou l'armée d'Anjou.

M. de Suzannet, du second, armée de Charette.

M. de Saint-Hubert, du troisième, celui que commandoit M. de Sapinaud.

M. du Perrat, le quatrième, celui que commandoit M. Auguste de Larochejaquelein.

L'esprit de conciliation a régné alors dans ce conseil ; chacun y a témoigné le désir de n'avoir désormais qu'un même sentiment pour arriver au but désiré, le triomphe de la cause du Roi. Il a été arrêté qu'il y auroit désormais auprès du général en chef un délégué de chacun des corps d'armée, chargé de les représenter dans les délibérations qui pourroient être nécessitées. M. d'Autichamp a nommé M. Tristan-Martin ; c'est un ancien chef de division, aujourd'hui adjudant-général, homme d'expérience et de beaucoup de sens. On a ensuite émis dans ce conseil, qu'on alloit s'occuper d'une nouvelle organisation de l'armée. Le général Canuel en a présenté le plan qui ne semble pas admissible, parce que ce seroit une innovation qui contrarieroit probablement beaucoup les anciens Vendéens, à raison surtout des divers tableaux et des écritures qu'elle nécessiteroit. On y a aussi témoigné l'intention positive de se reporter vers la côte, pour en chasser préalablement l'ennemi, afin d'obtenir un nouveau débarquement. M. d'Autichamp a proposé d'y marcher de suite avec les trois mille hommes qu'il avoit sur pied, afin de ne pas attendre que les forces qui se dirigeoient sur Nantes y fussent toutes réunies, et que dans ce cas les autres corps se formassent successivement pendant notre marche. Plusieurs personnes partageoient cet avis qui n'a cependant pas été accepté par la majorité, sous le prétexte de l'organisation projetée, opération qui paroissoit fort impolitique dans un moment où nous étions sur le point d'agir activement; dès lors notre général a licencié ses troupes et s'est rendu à Chollet avec ses compagnies de chasseurs, corps permanent, auprès du quartier-général en temps de repos et qui sert à l'avant-garde, lorsqu'on marche à l'ennemi. Nous avons en outre quelques cavaliers qui servent à éclairer, ou à porter les ordonnances. Ces deux petites troupes sont habituellement réunies au corps d'officiers de l'état-major général qui est très nombreux, ayant à sa suite beaucoup d'officiers volontaires qui forment un peloton de cavalerie.

Je viens d'avoir la satisfaction de revoir et d'embrasser MM. de Marans et de Cheffontaines, qui sont venus nous joindre ici, après s'être arrêtés un ou deux jours au quartier de M. de Larochejaquelein. Ils ont dit à M. d'Autichamp qu'ils venoient lui demander de servir comme volontaires à son armée, en attendant l'arrivée du duc de Bourbon qu'ils espéroient voir bientôt ici. Leur présence parmi nous me fait d'autant plus plaisir, qu'indépendamment des souvenirs qu'elle me rappelle, je suis bien aise qu'ils soient témoins de ce que nous ferons et de la manière dont les Vendéens se comportent à la guerre, pour en parler au Prince.

Chôllet, le 22 juin.

« Ma chère amie,

« Par quelle fatalité la relation d'un combat dont nous nous sommes tirés avec honneur doit-elle être entremêlée d'événemens qui vont accabler ton cœur ? Calme-toi néanmoins, afin de pouvoir suivre avec attention le récit que j'ai à te faire de l'engagement que nous venons d'avoir avec les troupes buonapartistes.

Pour arriver plus tôt à sa description, je ne t'accablerai pas de tous les ordres et contre-ordres, ni des marches et encore moins des discussions qui l'ont précédé.

Il s'agissoit dans le principe de nous reporter tous vers la mer pour faire déguerpir l'ennemi du territoire sur lequel le débarquement devoit avoir lieu, afin de conduire plus librement dans le centre du pays tout le matériel de guerre que nous espérions recevoir.

M. le lieutenant-général Canuel a jugé qu'il étoit inutile de porter autant de monde sur ce point, quoique nous fussions informés que l'ennemi y rassemblât toutes les troupes qu'il avoit à sa disposition. Ce général a pensé qu'il seroit avantageux de faire une diversion du côté de Thouars; il a fait embrasser cette idée-là au général en chef et à M. Auguste de Larochejaquelein. M. d'Autichamp avoit déjà fait quelques observations à ces messieurs pour reculer la date du jour qu'on lui avoit fixé pour être rendu sur le terrain. Le général en chef fit droit à sa réclamation dont il avoit senti la justesse, qui lui fut d'ailleurs démontrée par M. Tristan-Martin, officier de notre corps d'armée, qui résidoit auprès de lui. M. d'Autichamp apprenant que, malgré la première disposition bien arrêtée de nous porter tous vers la côte, le général Canuel persistoit dans son idée, et que M. de Larochejaquelein, qui s'étoit fait autoriser par M. de Sapinaud, alloit se porter sur Thouars avec ses Poitevins, notre général lui écrivit pour l'en dissuader et le conjurer de se réunir à nous. M. l'adjudant-général baron de la Haye fut chargé de lui porter cette lettre et d'en appuyer les raisons, qui consistoient dans l'importance de ne point diviser nos forces et de les réunir au contraire sur le lieu où l'on projetoit une attaque principale.

Après une discussion longue et animée entre cet officier et les deux généraux Canuel et de Larochejaquelein, ils parurent approuver les raisons du général d'Autichamp, et envoyèrent en conséquence des ordres de marcher vers la côte, tant à leurs divisions qu'à celles que le général d'Autichamp avoit laissées sur les derrières. Le général de Larochejaquelein annonça cette résolution au baron de la Haye, et lui remit une réponse dans laquelle il faisoit part au général d'Autichamp qu'il alloit décidément marcher de notre côté pour se joindre à nous, ce qui nous fit grand plaisir; nous ne regardions pas comme indifférent de voir M. de Larochejaquelein à la tête de nos rangs avec ses braves Poitevins. Cette promesse n'a pas été tenue, et nous n'avons connu ce déficit dans nos forces que quelques heures avant d'être en présence de l'ennemi.

M. de Larochejaquelein s'est porté sur Thouars avec son monde.

Nous avions passé la nuit au château de Boisgirault, nous y fûmes si bien traités par les gens de madame de Boisgirault que nous ne mîmes pas en doute que c'étoit par l'ordre de leur maîtresse.

Avant notre départ qui étoit arrêté, comme je l'ai dit plus haut, pour marcher à l'ennemi dans l'intention positive de l'attaquer, nous eûmes quelques précautions à prendre ; d'abord celle de déposer en lieu de sûreté et à l'abri de tout accident des papiers importans, M. d'Autichamp m'en ayant parlé. Lorsque nous eûmes roulé ces papiers et bien scellé dans des bouteilles, je fis venir notre métayer de la Herbaudière, qui se trouvoit heureusement placé à un quart de lieue de Boisgirault. Ce brave homme vint avec sa femme; nous leur remîmes les bouteilles, en leur recommandant de les garder et de les bien cacher dans la terre ou dans tout autre lieu où ils les supposeroient introuvables. Cette commission m'a donné l'idée de leur confier le peu d'or qui me restoit, que j'ai roulé et enveloppé dans un sac de toile, et j'y ai inséré un petit mot pour toi, chère Amélie, de trois lignes seulement, qu'ils doivent te remettre si je ne reparois pas, et qui te suffiront assurément pour te rendre toutes mes pensées dans ce quart-d'heure. La nature de cette commission qui fut pour ces bons fermiers l'avis positif d'une prochaine bataille, les consterna; les larmes rouloient dans les yeux de la femme, dont le mari, cavalier vendéen, devoit nous suivre. Que de réflexions pour cette fermière à la tête de sa métairie et de sa nombreuse famille ! Ils m'ont embrassé à plusieurs reprises; tu connois l'affection de ces braves gens pour leurs maîtres et leur constant usage de les embrasser respectueusement quand ils arrivent et quand ils partent, expression naïve de leurs bons sentimens et qui fit sur moi dans cette circonstance une si forte impression, que je me séparai d'eux sans pouvoir articuler une parole.

Nous continuâmes notre marche, et le 17 au matin, la portion de l'armée d'Anjou à la tête de laquelle marchoit le général d'Autichamp, se trouva rendue et placée à Vieille-Vigne, M. de Suzannet occupoit avec son corps, un peu en avant de nous et sur la droite, Saint-Étienne-de-Corcoué, et M. de Saint-Hubert étoit sur notre gauche auprès de la Capchainière. Nous évaluâmes approximativement ces troupes vendéennes à 8,000 hommes. Le 17 au soir, notre général eut une entrevue avec ces deux messieurs. Il fut convenu que le lendemain 18, M. de Suzannet viendroit prendre la position de Roche-Servière en avant de nous, sur la route qui conduit à Legé; que M. de Saint-Hubert se rapprocheroit aussi pour prendre position à Saint-André-des-Treize-Voies, tandis que le corps de l'armée d'Anjou resteroit à Vieille-Vigne, ce qui devoit former un triangle et concentrer un peu plus nos forces. M. d'Autichamp détacha ensuite M. de la Sorinière qu'il plaça à Malabri, le chevalier de Caqueray à la Grolle et M. Dudoré à la Garsonnière, avec chacun une subdivision, dans le but de lier son corps avec ceux de MM. de Suzannet et de Saint-Hubert ; il envoya aussi un détachement de deux cents hommes sur la droite dans une lande qui s'y trouve, pour y prendre poste, dans la crainte que l'ennemi ne vînt tomber par là sur Vieille-Vigne, sans que nous en fussions prévenus.

Il avoit été convenu qu'au premier coup de feu, toutes les troupes se dirigeroient sur le point d'attaque pour soutenir l'engagement. Le 19 au matin le poste de Roche-Servière n'étant pas encore occupé par les troupes de M. de Suzannet, qui étoient un peu en arrière à Mormaison, le passage de la rivière de la Boulogne devint libre à l'ennemi par le pont de ce bourg; il en profita pour pousser vers nous un corps d'environ 1,500 hommes qui tomba à l'improviste sur les détachemens de notre armée commandés par MM. de la Sorinière, Dudoré et de Caqueray qui supposoient le corps de Suzannet en avant d'eux sur la route de Legé.

Quoique surprises, nos troupes n'ont point été déconcertées; elles ont reçu ce choc inattendu avec valeur et se sont maintenues dans tous leurs postes jusqu'à l'arrivée de M. d'Autichamp, qui se porta en toute hâte avec les officiers de son état-major sur le point de la fusillade, après avoir donné l'ordre à M. le marquis de la Bretesche de marcher de suite avec sa division pour soutenir les corps qui se trouvoient engagés, laissant à Vieille-Vigne la division de Beaupreau sous le commandement de son chef, M. l'Huillier qui prit position hors du bourg, afin de se trouver en mesure en cas que l'ennemi y arrivât à travers ce pays couvert pour nous prendre en flanc. A la foiblesse de l'attaque, M. d'Autichamp jugea que ce devoit être seulement une reconnoissance; il fit alors avancer ce qu'il avoit de troupes disponibles sur le point où l'on se battoit, pour forcer l'ennemi à se retirer. Nos troupes conduites par leurs chefs, montrèrent dans cette matinée beaucoup de zèle et de valeur, principalement dans la poursuite des bleus qu'elles poussèrent jusqu'auprès de la Roche-Servière... Je n'ai point été surpris de voir les anciens chefs vendéens et mes vieux camarades de l'émigration recevoir et repousser leurs ennemis en braves, mais ce que j'ai vu avec plaisir et une sorte d'admiration, c'étoit l'ardeur de tous les jeunes gens qui ne s'étoient point encore trouvés à pareille fête et qui avoient l'air d'y prendre un plaisir réel; ils faisoient le coup de fusil sans songer à celui de l'ennemi, marchant avec l'assurance de leur âge. Je remarquai surtout parmi ces nouveaux guerriers M. Duguigny et M. Ludovic de Landemont, dont les figures, à leur retour, étoient noircies par la poudre. Je viens de nommer un de messieurs de Landemont que j'avois aperçu en tirailleur et dont j'ai entendu citer la bravoure d'une manière particulière par son chef, M. Dudoré, et ce chef est un bon juge; mais ce jour-là et les suivans, nous avions avec nous cinq MM. de Landemont, le père et quatre de ses enfans. Ce père, chef d'une division de l'armée royale de Bretagne dans les environs d'Ancenis, voyant qu'on n'en venoit point encore aux prises avec l'ennemi sur la rive droite, a voulu prendre part à la guerre déjà commencée sur la rive gauche, et montrer ainsi à ses enfans le chemin de l'honneur et de la gloire. Il y eut dans cette attaque quelques hommes tués de part et d'autre, et nous fîmes plusieurs prisonniers; mais le temps étoit affreux; il régnoit un vent très-violent, et les ondées se succédoient, ce qui mit le reste des cartouches des hommes qui avoient suivi l'ennemi hors d'état de servir. Nos troupes, officiers et soldats, se sont montrées dans cette circonstance à la fois intrépides et dociles à la voix de leurs chefs et de leur général; mais les divisions qui n'ont point été engagées, les jeunes gens surtout, témoignoient hautement le regret de ne pas en venir aux mains, et toutes les mesures de prudence, dans les règles militaires, leur paroissoient inutiles et intempestives. MM. de Suzannet et de Saint-Hubert, que le vent avoit empêchés d'entendre la fusillade, étoient restés dans leurs positions ; à la nouvelle qu'ils eurent de ce petit engagement, leurs hommes brûloient aussi de marcher, ce qui détermina ces messieurs à envoyer à M. d'Autichamp, qui avoit le commandement des trois corps, des officiers pour le presser de les autoriser à attaquer. Notre général qui ne partageoit pas cette opinion, désirant attendre pour cela l'arrivée de M. Auguste de Larochejaquelein sur lequel il avoit lieu de compter le lendemain, en fit l'observation par écrit à ces messieurs, en ajoutant néanmoins que, s'ils attaquoient, il les soutiendroit sans prendre la responsabilité des événemens. M. d'Autichamp approuva en même temps l'intention où étoient ces messieurs d'occuper la position de la Roche-Servière, mais il apprit, au milieu de sa nuit, qu'ils ne s'y étoient pas rendus et que ce poste important se trouvoit vaquant ; il en fit aussitôt prévenir M. l'Huillier qui étoit à la Grolle avec sa division en avant de nous, en lui recommandant la plus grande surveillance jusqu'à ce que les troupes de MM. de Suzannet et de Saint-Hubert eussent repris la position de Roche-Servière, d'après l'ordre qu'il venoit de leur faire donner d'y envoyer sur-le-champ mille hommes. L'officier porteur de cet ordre, n'avoit pu trouver ces messieurs qu'à trois heures du matin, près de Saint-Étienne-de-Corcoué. M. de Suzannet adressa pour réponse à M. d'Autichamp, écrite au crayon sur un petit carré de papier, qu'ils se mettoient en position d'empêcher les bleus de se porter sur Roche-Servière; il étoit cinq heures du matin quand M. d'Autichamp reçut ce billet, et très peu d'instans après nous entendîmes commencer une fusillade assez vive du côté de Roche-Servière, où nous supposâmes que nos troupes des avant-postes étoient aux prises avec l'ennemi. Notre général fit aussitôt donner l'ordre à tous les chefs de division de partir sur-le-champ à la tête des premiers hommes qui se trouveroient rassemblés, que les autres suivroient pour se diriger vers le point d'attaque, où nous étions fondés à croire que les troupes de MM. de Suzannet et de Saint-Hubert alloient se porter, de manière à tomber sur le flanc de l'ennemi, ce qui nous fit envisager notre position sous un jour favorable dans ce premier moment, d'autant mieux que les Vendéens qui se rallioient successivement à leurs drapeaux, poussés par une ardeur irrésistible, au bruit des coups de fusil qu'on entendoit constamment, se portoient de ce côté avec une telle rapidité que les officiers à cheval pouvoient à peine les suivre au grand trot ; c'étoit un spectacle impossible à décrire et qui m'a représenté l'idée que je m'étois souvent faite des anciens Francs, lorsqu'ils sortirent pour la première fois de leurs forêts ; ils se battoient en désordre et sans aucun art, leur valeur faisoit tout. Les Vendéens étant leurs descendants, il est naturel de penser qu'ils peuvent, en quelque sorte, leur ressembler ; en effet, voyant courir la plupart de ces paysans avec différentes armes à travers ce Bocage, sans s'occuper de suivre les chemins, vêtus de vestes de bure, avec leurs chapeaux ronds à grand bord, leurs cheveux longs et plats, et la variété des costumes de leurs officiers, on ne pouvoit s'empêcher de remarquer dans tout cet ensemble quelque chose de sauvage.

Dans le cours de cette marche, j'aperçus un homme qui venait à nous au galop, se dirigeant vers le général ; il arrivoit du côté où l'on se battoit. Seroit-ce une ordonnance, me dis-je ? A-t-il quelque nouvelle importante ? Non, c'étoit un prêtre, l'abbé Raimbault, notre aumônier. Cet ecclésiastique connoissoit toute la piété de nos soldats; il avoit été témoin, la veille, de leur confiance en Dieu; l'église de Vieille-Vigne n'avoit pas désempli le matin et le soir. Tous ceux qui se trouvoient dans le bourg avoient assisté dévotement à la messe, et, dans la journée, ils étoient rentrés successivement à l'église pour faire leurs prières.

M. d'Autichamp, qui connoît aussi le caractère religieux des Vendéens et qui partage leurs sentimens, ne prit pas le change sur l'apparition subite de cet aumônier, qui accouroit au bruit des coups de fusil, demander au général la permission de donner la bénédiction à ses troupes, avant qu'elles allassent au feu. A ces paroles, le général arrête l'élan de son cheval, et, pour toute réponse, il en descend et s'agenouille; ce mouvement servit de signal et pour ainsi dire de commandement, tant les cœurs étoient disposés à cette action chrétienne. Tous les officiers et soldats se mirent aussitôt à genoux, et le tumulte fut interrompu l'espace de deux minutes, qui suffirent au prêtre pour prononcer les divines paroles et donner la bénédiction à cette portion de notre armée. Tout ce peuple chrétien parut heureux de cette circonstance, qui sembla vraiment devenir un nouveau moteur, car je m'aperçus que ces braves Vendéens couroient encore plus fort vers la fusillade qui s'échauffoit de plus en plus.

En arrivant sur le plateau de la Roche-Servière, le point le plus élevé du côteau de la rive droite de la Boulogne, d'où nous apercevions dans son entier le coteau opposé qui étoit occupé par l'ennemi, nous jugeâmes que cette belle position pourroit se défendre avec avantage dès que le pont seroit coupé, et qu'il y auroit assez de troupes sur nos ailes pour empêcher l'ennemi de passer la rivière, soit à gué, soit sur les chaussées des moulins; ce que nous pensâmes qu'il tenteroit incessamment, pour tourner le village qui est situé dans le fond du vallon; mais il nous auroit fallu quelques pièces de canon. Loin d'avoir ces avantages, nous apprîmes que le pont n'avoit été ni coupé ni barricadé; nous aperçûmes même quelques détachemens de nos troupes qu'on avoit postés au-delà, et qui défendoient l'approche de ce pont en tirailleurs intrépides. Nous supposions encore que MM. de Suzannet et de Saint-Hubert manœuvroient pour inquiéter l'ennemi sur son flanc, afin de gêner sa marche sur notre point; mais n'entendant aucun bruit de ce côté, et voyant au contraire les forces de l'ennemi augmenter devant nous de plus en plus, nous soupçonnâmes, d'après une fusillade assez vive, mais de courte durée, qu'on avoit entendue de ce côté-là une heure avant notre arrivée, qu'il y avoit eu un premier engagement dans lequel les Vendéens n'avoient pas eu l'avantage. Nous ne doutâmes même plus de la réalité de ce funeste événement quand nous aperçûmes une partie des soldats du corps de M. de Saint-Hubert et de celui de M. de Suzannet, qui avoient été dispersés par les troupes du général Lamarque, repasser la rivière et se retirer en désordre sur notre gauche. Ce mouvement rétrograde faisoit déjà quelque impression sur nos hommes ; plusieurs commençoient même à s'ébranler au moment où nous arrivions avec nos renforts.

M. d'Autichamp s'arrêta sur le plateau pour observer l'ennemi, reconnoître ses forces, et juger ses intentions, afin d'aviser aux moyens de lui opposer de la résistance, ainsi qu'il y étoit décidé, malgré l'échec des troupes aux ordres de M. de Suzannet, échec que nous ne mettions plus en doute, sans savoir encore que nous avions perdu ce digne général. Hélas ! il étoit tombé à la première décharge de l'ennemi, au moment même où il se portoit à sa rencontre, encourageant ses soldats.

M. d'Autichamp fit aussitôt placer au rivage et sur le coteau une partie des troupes de renfort qu'il avoit amenées pour soutenir celles qui étoient déjà aux prises. Il retint seulement une division en réserve, qui se mit en bataille sur le plateau, à côté de sa foible cavalerie. Dans cet instant, je me précipitai dans le village, pour me rendre au pont, avec beaucoup d'officiers de l'état-major, qui brûloient de prendre part au combat, entre autres M. de Charbonnier, aide-de-camp envoyé par le général pour lui rendre compte de l'état des choses sur ce point. En entrant dans le village, nous parvînmes, à force d'instances, à faire retourner vers l'ennemi des hommes qui s'en éloignoient, sous prétexte qu'ils avoient dépensé toutes leurs cartouches, ce qui eût été d'un dangereux exemple. On alla chercher quelques munitions de réserve pour leur en donner. Le combat devint alors opiniâtre, surtout en avant du pont et dans les environs. Le marquis de la Bretesche et son frère, ainsi que les officiers de sa division, encourageoient par leur exemple et leurs exhortations tous les hommes à tenir ferme, ainsi que le faisoient à côté d'eux MM. l'Huillier, Reyneau, Bénoît ; mais ce qu'il y eut de remarquable à notre arrivée près du pont, ce fut de voir un grand nombre de ces officiers, dont la plupart étoient venus jusque-là à cheval, en descendre, attacher leurs chevaux aux pilliers de la halle, et les laisser là, au risque de ne pas les retrouver, pour aller avec leurs carabines donner l'exemple de la valeur à tous nos braves paysans. Je distinguai dans ce nombre MM. de Maussabré, de Villoutreys, de Mergot, de Scepeaux, etc., etc.

L'intrépide M. Eugène de Beauveau s'y fit principalement remarquer en excitant nos gens par sa valeur et ses propos. On le vit au fort du combat se saisir d'un de nos drapeaux, pour encourager les soldats en le portant avec une admirable valeur sur un point apparent, afin d'y ramener nos hommes. Il y fut bientôt suivi par une infinité de braves qui comme lui payèrent de leur sang cet acte de valeur. M. de Beauveau fut atteint de plusieurs coups de feu dans ce combat, dont un très-grave dans le bas-ventre. M. de Maussabré eut le pied traversé d'une balle, dont il sera sans doute estropié le reste de ses jours. M. l'Huillier reçut une balle dans l'aîne, qui lui occasiona une forte contusion ; et il y eut un grand nombre d'autres individus blessés, dont quelques-uns très-grièvement, et des morts! comme tu dois le penser, car il faut enfin que je t'apprenne tous nos malheurs dans cette journée, à commencer par la perte de nos infortunés cousins Zacharie Durau et Auguste de Cambourg, qui ont été tués sur ce point ; ils étoient placés avec leurs soldats en deçà du pont sur la droite. S'étant aperçus que les troupes du général Lamarque avoient forcé le passage de la rivière de leur côté, à une certaine distance, qu'elles s'avançoient pour tourner le village, et qu'elles étoient sur le point de le faire sur notre gauche, ils vinrent pour m'en avertir et me demander ce qu'ils devoient faire. J'avois déjà remarqué depuis quelque temps cet avantage que l'ennemi venoit de remporter sur nous ; mais comme j'étois convaincu que le général le voyoit également de son côté, j'attendois ses ordres, ne voulant quitter ce poste qu'à la dernière extrémité. Ces malheureux jeunes gens, dont les yeux pétilloient d'ardeur, retournèrent auprès de leurs soldats, pour les diriger dans cette circonstance difficile ; mais ils ne reparurent plus. Leur sang y fut versé en donnant l'exemple du devoir et de la valeur.

M. d'Autichamp qui étoit resté sur le plateau pour diriger la ligne d'opération, put juger les mouvemens de l'ennemi, sur lesquels on fut trompé un moment, en le voyant se retirer du bord de la rivière en face du village, ce qu'il faisoit sans doute pour engager nos troupes à se porter au-delà du pont, pendant qu'il cherchoit à passer la Boulogne sur sa droite et sur sa gauche, afin de nous envelopper ; effectivement notre général reconnut bientôt qu'il ne s'étoit pas trompé en apercevant les bleus qui ayant effectué le passage sur plusieurs point de notre droite se dirigeoient à grands pas vers nous, il détacha sur-le-champ quelques compagnies de sa réserve aux ordres de M. de Cambourg et de M. Dudoré, pour aller à leur rencontre, m'envoyant dire au même moment de faire retirer du village où j'étois resté toutes les troupes qui y étoient encore; l'apparition de nos deux petites colonnes marchant en bon ordre arrêta un moment la marche de l'ennemi, ce qui donna le temps à ceux des nôtres qui continuoient de défendre l'approche et le passage du pont avec la même persévérance, de prendre leurs mesures pour exécuter la retraite qui leur étoit ordonnée, en remontant le coteau par différens sentiers depuis le bas du village jusque sur le plateau en continuant leur feu, ce qui fut exécuté avec beaucoup de sang-froid et de valeur par le zèle et l'intelligence des officiers.

M. d'Autichamp ne pouvant plus fonder d'espoir sur l'arrivée des troupes de MM. de Suzannet et de Saint-Hubert, et reconnoissant l'impossibilité dans laquelle il étoit de tenir plus long-temps cette position, il prit la détermination de faire sa retraite qui s'opéra avec beaucoup d'ordre. Le général eut le temps de rallier ses différens détachemens et de se faire dépasser par eux tous, il resta même en arrière avec quelques officiers pour en protéger la marche, exposé au feu d'un peloton de gendarmerie, qui nous suivoit de si près qu'on entendoit leurs propos, mais quelques fantassins de la queue de nos colonnes, revenus sur leurs pas, se distribuèrent de droite et de gauche sur le chemin où ils parvinrent à arrêter ce détachement par leur feu.

Notre retraite s'effectua dès lors avec la plus grande tranquillité, nous dirigeant sur Vieille-Vigne et Clisson.

La chose qui nous occupa le plus, dans cette première marche, fut le transport de ceux de nos blessés qu'on avoit pu enlever du champ de bataille, et arracher des mains de l'ennemi. Combien il étoit touchant de voir l'empressement de chacun de nous à transporter ces malheureux jusqu'au lieu où étoient nos charrettes de pain, pour les établir dessus, et des officiers descendre de cheval pour y faire monter quelques-unes de ces victimes, ces messieurs marchant à pied et tenant leurs chevaux par la bride pour en régler et adoucir le pas, tandis que d'autres se tenoient sur les côtés, afin de soutenir le corps de ces bons paysans leurs nobles frères d'armes! Nous eûmes heureusement le temps de faire dépasser Clisson à ce convoi; mais la blessure de M. de Maussabré étoit si grave, et il avoit eu tant de peine à soutenir jusque-là les cahos de la charrette, que nous ne crûmes pas pouvoir hasarder de le mener plus loin. Il devint alors l'objet de toute notre sollicitude, craignant, en le laissant derrière nous, qu'il tombât dans les mains des ennemis, dont nous avions lieu de redouter l'exaspération et la cruauté. Nous déposâmes ce malheureux dans la première maison qu'on nous indiqua; ce fut chez M. Hervouet. Sa femme, jeune et intéressante, nous témoigna une si grande sensibilité, que nous conçûmes toute espèce de confiance par les promesses qu'elle fit à M. d'Autichamp ainsi qu'à nous tous, et qu'elle confirma de suite par les soins qu'elle donna devant nous à notre camarade ; mais ce que nous désirions par-dessus tout, c'étoit qu'à leur arrivée les bleus n'eussent pas connoissance de cette circonstance. Nous ignorions les opinions politiques des personnes auxquelles nous remettions ce précieux dépôt. On nous dit que le mari ne partageoit pas les nôtres. Il arriva sur ces entrefaites, et loin de désapprouver ce que sa femme avoit déjà fait, il prit le généreux engagement de la seconder, nous promettant même, s'il voyoit du danger pour M. de Maussabré de la part de l'ennemi, de le faire transférer dans une métairie à l'écart, où le chirurgien qu'ils alloient charger de le soigner iroit le panser régulièrement. Si cet homme estimable ne parut pas fraterniser avec nous, il eut du moins le langage et la conduite d'un honnête citoyen, qui sait toujours compatir au malheur. Nos cœurs furent singulièrement touchés de cette conduite, et nous partîmes heureux d'avoir pu si bien rencontrer, et remplir de devoir envers notre malheureux camarade.

J'ignorois dans ce moment la douloureuse circonstance de la mort de MM. Durau et de Cambourg, ainsi que celle du comte de Suzannet, de ce digne général, aussi estimable qu'il étoit aimé. Quelle perte déplorable pour le parti royaliste! Que ton cœur souffrira en apprenant ces tristes nouvelles! mais hélas! ce n'est pas l'affliction dont tu vas être pénétrée qui occupe le plus mon esprit aujourd'hui; depuis quarante-huit heures je me demande à chaque instant comment nos malheureuses cousines, mesdames Durau et de Cambourg, pourront supporter cette nouvelle, la mort de leurs chers époux. Quoiqu'on leur répète qu'ils sont morts pour leur Dieu, pour leur Roi, elles ne seront pas disposées à comprendre d'abord ce langage de l'honneur; elles ne pourront se faire à l'idée qu'elles ne les reverront plus jamais. Quel moyen prendra-t-on pour adoucir l'impression déchirante dont leurs ames vont être frappées? La vue de leurs chers petits enfans... hélas! images vivantes de celui auquel elles s'étoient unies pour toujours, leurs traits ne réveilleront-ils pas sans cesse le souvenir douloureux d'une affreuse séparation? L'union qui leur promettoit tant de bonheur est donc détruite à jamais! peut-être en portent-elles les derniers fruits dans leur sein; orphelins avant de voir le jour, leur naissance ne sera donc pas marquée par la joie de leur père! que je plains ces deux jeunes épouses! auprès de quels parens, de quels amis épancheront-elles dans ce premier moment leur cruelle affliction? Le respectable M. Durau qui perd un jeune homme si intéressant sous tous les rapports, son enfant unique, trouvera-t-il des paroles de force et de consolation pour la veuve de son fils? Cet estimable M. de Cambourg, ce malheureux père qui est avec nous et que j'ai déjà serré dix fois dans mes bras, son cœur n'est-il pas également brisé par le coup le plus affreux! Avant-hier il marchoit courageusement à la tête d'un détachement de la division de Chollet pour arrêter nos ennemis vainqueurs, lorsque son malheureux fils Auguste de Cambourg mouroit presque sous ses yeux, à côté de son cousin Durau. L'un et l'autre ont péri à la tête de leurs hommes qui se trouvoient placés à la droite du pont de Roche-Servière, où nous opposions la plus forte résistance. A peine ai-je le courage de te nommer madame de Cambourg la mère, cette femme si vertueuse, aucune mère ne la surpasse en tendresse pour ses enfans; pourquoi faut-il qu'elle ait à pleurer son fils! Je regrette bien pour nos infortunées parentes que la circonstance de ma position te retienne en Poitou avec nos enfans. Espérons que ces deux familles trouveront quelque soulagement à confondre ensemble leur douleur, espérons surtout de cette religion si fortement établie dans leur cœur; ils sont morts pour elle!

Ce ne sont pas malheureusement parmi nous les seules victimes d'un grand dévouement. Conserve donc ton courage, ma chère amie, pour m'entendre encore parler des autres pertes que nous avons faites. Je reviens d'abord sur celle du comte de Suzannet, de ce brave général vendéen, homme aimable et d'un caractère si doux, auquel tu donneras des larmes, j'en suis sûr, comme toute la Vendée doit en répandre pour lui; en effet, nous sommes navrés, quel modèle de dévouement! que je plains sa jeune femme, quel excellent ménage détruit sans retour! Combien est malheureux le fils unique qu'il laisse! il sera du moins pour sa mère une consolation, car je ne doute pas qu'il ne devienne un homme de bien, tant elle lui dira souvent : Fais comme ton père !

Nous avons aussi perdu M. Devillers, notaire du bourg de la Romagne, mort bravement pour son Roi. Il laisse une femme inconsolable, encore est-elle heureuse de n'avoir pas d'enfans ; l'état de son mari étoit son seul moyen d'existence. Nous avons perdu un autre officier, M. Poêrier-du-Lavoir, qui a payé bien cher son dévouement à la cause royale, dévouement d'autant plus louable de sa part, qu'il habitoit hors de l'arrondissement et que rien ne l'obligeoit précisément à se joindre à nous. J'aurois à ajouter à ces premiers noms une liste considérable de morts et de blessés appartenant à l'armée d'Anjou, et qui ont combattu à la Roche-Servière, tous mériteroient bien d'être nommés et plusieurs d'entr'eux de laisser leurs noms à la postérité; mais ils sont la plupart inconnus et seront sûrement oubliés. Pieux paysans, braves Vendéens, en volant à ce combat, vous n'aviez pas pensé, j'en suis convaincu, à en tirer gloire devant les hommes, votre noble simplicité m'en est le garant; c'est dans votre cœur que vous avez recherché la récompense de votre dévouement; vous aviez raison, car le jugement du ciel est plus sûr que celui des hommes ; mais si vos contemporains ou la postérité ne rendent pas justice à vos vertus héroïques, que le reste de la France n'admire pas vos nobles actions, comptez que vos frères d'armes, que vos familles attendries verseront long-temps des larmes. Vos enfans seront fiers de votre conduite et marcheront comme vous dans le chemin de l'honneur.

A Neuvy, le 6 juillet.

Ma chère amie,

MM. de Larochejaquelein et Canuel n'ont pas réussi dans leur entreprise sur Thouars. Rencontrés par le général Delaage qui venoit avec des forces plus considérables, ils ont été contraints de se retirer sans que ce général ait paru vouloir profiter de tous les avantages de sa position. Nos troupes se trouvant ainsi dispersées, après avoir été sur pied plus de huit jours, elles ont eu le désir de se retirer dans leurs foyers, suivant leur coutume, ce qui leur a été accordé. Le général

Lamarque a cru devoir alors renouveler les propositions de pacification que MM. de Flavigny, de Malartic et de la Béraudière s'étoient chargés d'apporter aux généraux de la Vendée.

Le général d'Autichamp qui s'étoit reporté sur Chollet avec son état-major après le combat de la Roche-Servière, y trouva MM. de Sapinaud et Auguste de Larochejaquelein ; ces messieurs se communiquèrent les lettres que chacun d'eux venoient de recevoir du général Lamarque, qui se trouvoient toutes absolument conformes, et dont voici la copie :

Vieille-Vigne, le 20 juin 1815.

Monsieur,

« MM. de Malartic, de Flavigny, de la Béraudière doivent être dans ce moment auprès de vous, porteurs des propositions faites par le gouvernement ; ils m'ont assuré, Monsieur, que malgré la différence de nos opinions, vous conserviez le cœur français, et que vous n'étiez pas insensible aux malheurs dont ce pays est le théâtre. C'est du champ de bataille de la Roche-Servière, où il n'a été versé que du sang français, et au moment où il me seroit facile de suivre mes succès, que je vous propose de nouveau de donner la paix aux départemens de l'Ouest.

Militaire, je ne vous offrirai que des conditions que l'honneur peut avouer et qui concilieront vos intérêts et ceux de la patrie.

Il est possible, Monsieur, qu'on vous trompe sur les événemens; une dépêche télégraphique que m'a transmise le général Charpentier, et qui m'est parvenue au moment même où nous nous battions ensemble, m'annonce que l'Empereur a passé le 15 la Sambre, écrasé l'avant-garde prussienne, et que le 16 il a remporté une victoire complette sur les armées réunies de Blucher et de Wellington. Je vous garantis ces nouvelles sur ma foi militaire.

Je vous prie, Monsieur, de communiquer ma lettre à M. de Suzannet et aux autres chefs de l'armée. Au premier mot de réponse j'arrêterai la marche des colonnes, et nous réglerons le lieu des conférences. »

L'article de cette lettre où il étoit mention de

l'avantage qu'avoit eu Buonaparte sur les Prussiens, nous affligea un peu, sans néanmoins détruire notre espérance de voir bientôt cet usurpateur vaincu.

Ces messieurs se concertèrent aussitôt pour savoir s'ils répondroient à cette lettre, et dans ce cas de quelle nature seroit la réponse; ils convinrent de la faire collectivement et dans un sens à gagner du temps, de manière à nous replacer dans une meilleure position que celle où nous étions, d'autant que l'ennemi avoit profité de ses succès pour avancer de plus en plus dans l'intérieur de notre pays. Voici cette réponse.

Chollet, le 22 juin 1815.

Général,

« Nous venons de recevoir vos lettres du 20 et 21 du courant. Nous voulons faire part de vos propositions à tous les généraux royalistes de la rive doite de la Loire, bien décidés à ne point séparer nos intérêts des leurs. Pendant le temps qui nous sera nécessaire pour avoir leur réponse;

voyez, général, si vous jugez à propos de suspendre toute hostilité; nous attendons votre réponse, et votre conduite réglera la nôtre.

P. S. M. de Larochejaquelein a reçu du général Delaage une lettre dans le sens de celle que nous avons reçue de vous, et il y a fait une réponse analogue à celle que nous avons l'honneur de vous faire.

Signé DE SAPINAUD, général en chef.
Signé Auguste DE LAROCHEJAQUELEIN.
Signé le comte Charles d'AUTICHAMP.

Le lendemain le général Lamarque adressa à M. de Sapinaud la réponse qu'on va lire.

———

De Clisson, le 23 juin.

« Je consens que les stipulations que nous règlerons soient communes aux chefs de la rive droite. Cette explication doit suffire pour lever toute espèce de difficulté, ils regarderont que leurs intérêts ne peuvent être en meilleures mains.

« J'arrêterai mes colonnes jusqu'au 25 du courant; passé ce temps, je remplirai les intentions de l'Empereur, en occupant le pays. » A la réception de cette lettre, le général Sapinaud réunit en conseil les généraux d'Autichamp, de Larochejacquelein, Canuel et autres officiers qui se trouvoient à Chollet.

J'engageai le général en chef à faire inviter MM. de Marans et de Cheffontaines, aides-de-camp de Mgr. le duc de Bourbon, qui étoient toujours avec nous, à assister à ce conseil; ce qu'il fit, et ces deux messieurs y furent présens.

La réunion étant complette, M. Auguste de Larochejaquelein, major-général de toute l'armée, prit la plume pour rédiger un projet de réponse; je crus alors devoir faire l'observation que, vu l'importance de la démarche que nous allions faire, puisqu'il y alloit de l'honneur de la Vendée plus que dans aucune autre circonstance, il seroit préférable, pour bien peser toutes les expressions de la réponse qu'on paroissoit disposé à faire d'en confier la rédaction à trois commissaires, un de chaque corps, qui la soumettroient ensuite au conseil. Cette idée fut accueillie, et, peu d'instans après, on adopta à l'unanimité la rédaction suivante, dont la lecture suffit pour démontrer que dans ce moment, tout le monde étoit d'avis de chercher les moyens de gagner du temps, afin de pouvoir nous rapprocher de l'époque où les événemens qui se préparoient dans le Nord coïncideroient avec une nouvelle levée de nos hommes.

Nous pensions bien que le général Lamarque devineroit en partie nos intentions, mais cette correspondance avec lui nous procuroit quelques jours de répit, dont nous étions bien aises de profiter pour laisser nos soldats se reposer, et surtout pour éviter l'effusion d'un sang précieux, d'autant plus inutile à verser, qu'il étoit vraisemblable que la grande question se décideroit en Flandre.

RÉPONSE AU GÉNÉRAL LAMARQUE.

Chollet, le 23 juin.

Monsieur le général,

Je viens de recevoir votre lettre en date du 23 juin 1815, huit heures du matin, en réponse à celle que j'avois eu l'honneur de vous adresser hier au soir 22, collectivement avec les généraux d'Autichamp et de Larochejaquelein.

Je viens de leur communiquer votre dernière. Ils pensent comme moi, général, que vous n'avez pas saisi parfaitement le sens de l'article de notre lettre par lequel nous vous déclarons que nous voulons faire part de vos propositions à tous les généraux royalistes de la rive droite, bien décidés à ne point séparer nos intérêts des leurs.

Vous consentez, dites-vous que les stipulations que nous réglerons ensemble soient communes à tous les chefs royalistes de la rive droite de la Loire. Si vous n'entendez pas par là que nous pourrons communiquer avec ces messieurs, pour leur donner connoissance de vos premières propositions et nous mettre en rapport avec eux, pour vous faire de concert une réponse précise, sur nos intentions; il est impossible que nous arrivions au but désiré et alors vos propositions qui ont pour but d'éviter l'effusion du sang français, deviendroient illusoires, si, dans nos positions respectives, nous ne prenions pas toutes les mesures et le temps nécessaire pour bien nous entendre.

Nous croyons donc devoir vous proposer un délai de dix jours, pendant lequel nous pourrons nous rapprocher de messieurs les généraux royalistes de la rive droite, qui se trouvent dans ce moment-ci fort éloignés les uns des autres.

Il est donc indispensable que quelqu'un de notre part les voie ensemble ou individuellement et nous rapporte leur détermination précise, qui fixera la nôtre.

Pendant ce délai de dix jours toute agression cesseroit de part et d'autre.

Nous vous observons aussi que nous n'avons point encore vu MM. de Malartic, de Flavigny et de la Béraudière que vous nous aviez annoncé devoir se rendre auprès de nous.

Signé, DE SAPINAUD. »

Après le départ de cette dépêche, nos généraux convinrent de se réunir de nouveau le lendemain 24 à la Tessoualle, pour y attendre la réponse du général Lamarque et prendre le parti qu'on croiroit convenable dans la circonstance.

Le conseil rassemblé, on reçut cette réponse ainsi conçue :

Clisson, le 23 juin au soir.

Monsieur le général,

« Le délai que vous demandez semble annoncer que vous n'avez pas le désir sincère de faire la paix. Je vous envoie le traité dont vous avez vous-même reglé les conditions; je marche, il ne tient qu'à vous d'arrêter mes colonnes, en renvoyant le traité signé. »

Cette lettre formelle et pressante occasiona une grande agitation dans les esprits, les avis paroissoient fort partagés sur ce qu'on devoit faire.

Pour sortir de cet embarras et diminuer l'effervescence qui commençoit à s'établir parmi nous tous, le général en chef proposa d'aller aux voix sur la question de savoir si l'on accepteroit *oui* ou *non* d'ouvrir des conférences; la plupart n'y virent qu'un moyen transitoire de prolonger l'espèce d'armistice qui s'étoit naturellement établi entre les troupes buonapartistes et les Vendéens, afin de nous ménager des moyens d'agir et d'éviter de voir notre pays tout-à-fait envahi. On alla aux voix et la majorité fut pour admettre l'ouverture des conférences.

En conséquence, le général Sapinaud adressa au général Lamarque la lettre suivante, dont M. Duchaffault s'est offert d'être le porteur.

La Tessoualle, le 24 juin 1815.

Monsieur le général,

« J'ai l'honneur de vous prévenir qu'au reçu de votre lettre j'ai réuni les généraux et les officiers, qui ont accepté en majorité les bases du traité dont vous m'avez donné connoissance; en conséquence je vous prie de vouloir bien me répondre de suite par l'officier qui accompagne votre courrier, afin de fixer le lieu des conférences et la manière dont on s'y réunira. »

Nous nous séparâmes tous alors sans beaucoup nous occuper des suites que cela devoit avoir, n'étant pas plus contens les uns que les autres de cette démarche, qui avoit occasioné parmi nous un grand trouble.

Nous étions trente et quelques officiers à cette délibération, à peu près en égal nombre de chacun des corps d'armée, et il y en eut vingt-deux pour ouvrir les conférences, et douze pour la négative; il est cependant juste de dire que beaucoup se rendoient justice de part et d'autre, quelle que fût leur opinion sur ce qu'on avoit cru de mieux à faire dans la situation difficile où nous nous trouvions.

On auroit tort, d'ailleurs, de condamner une mesure que l'honneur ne peut désavouer, car l'histoire est remplie de noms d'hommes célèbres qui n'y ont jamais forfait et qui agirent ainsi dans des circonstances à peu près semblables afin de gagner du temps, employant la ruse dans leur correspondance *diplomatique* comme ils s'en étoient servi sur le terrain envers leurs adversaires.

L'ancienne guerre de la Vendée en fournit plusieurs exemples, et si l'on a usé de ces moyens dans tous les siècles, de nations à nations, à plus forte raison peut-on le faire de parti à parti dans les guerres civiles; au surplus, on a rarement taxé les royalistes d'avoir été les plus fins dans la lutte actuelle, et il seroit par trop dupe à eux de rejeter les moyens que leurs ennemis ont su si bien employer depuis 1789.

Quelque affligés que nous ayons été dans cette journée, nous avions du moins la conviction, en nous séparant, que nous serions bientôt d'accord si le Roi parloit.

De là, M. d'Autichamp est revenu établir son

quartier-général ici, au château du Lavoüer, et ce fut le lendemain 25, que nous apprîmes les détails de la bataille de Waterloo. M. d'Autichamp reçut aussi peu après son arrivée au Lavoüer une nouvelle lettre du général Lamarque datée du 26 juin, de Beaupreau.

Monsieur,

« Je ne puis pas croire que les événemens extraordinaires qui me sont transmis puissent apporter aucun changement au traité que la majorité des chefs vendéens a accepté avant-hier dans la nuit. Je suis sûr dans tous les cas qu'un homme d'honneur comme vous tiendra sa parole.

Si l'Empereur eût été heureux je n'aurois pas aggravé les conditions, un honnête homme n'à qu'une manière d'agir.

Je vous envoie le traité partiel que je fais avec vous, votre état-major et tout le pays sous vos ordres; je m'en estime particulièrement heureux, car je puis vous assurer que de grands malheurs menacent la tête de ceux qui continueront à combattre contre la France. »

M. d'Autichamp ignoroit ce qui avoit été conclu avec les autres corps d'armée depuis son départ de la Tessoualle, et il étoit d'autant moins disposé à acquiescer à la proposition de ce général, qu'il observa ainsi que nous tous, dans le traité joint à sa lettre, des conditions qu'il n'avoit point remarquées dans le premier projet qui nous avoit été soumis à la Tessoualle; projet dont on avoit seulement accepté les bases pour en discuter ensuite les articles en commun, dans les conférences qui devoient s'ouvrir, ce qui pouvoit nous mener loin, car malgré l'exigence du général Lamarque aucun de nous n'avoit cru prendre l'engagement qu'une fois les conférences ouvertes, nous n'aurions pas le droit de les rompre, si telle étoit la volonté de nos généraux, dans l'intérêt de la cause royale comme dans celui de la Vendée, afin de nous écarter le moins possible du but constant de tous les Vendéens, le rétablissement des Bourbons sur le trône.

M. d'Autichamp répondit le même jour au général Lamarque.

Monsieur le général,

« Je lis avec étonnement dans le traité que vous me transmettez des articles additionnels qui n'étoient point dans celui que vous m'avez transmis de Clisson. L'article 3, portant que vous prendrez avec moi des mesures pour procéder au désarmement, est une violation manifeste et dérogeant à l'article 2 du traité proposé par les ministres de la guerre et de la police, que vous nous avez adressé de Clisson.

« Votre marche à travers notre pays depuis l'arrivée de M. Duchaffaut ne peut être considérée par nous que comme une suite d'hostilités, d'après votre assurance formelle d'arrêter la marche de vos colonnes aussitôt l'acceptation des bases du traité proposé.

« Cette marche inattendue a rendu les communications extrêmement difficiles entre les différens chefs royalistes, et je vous renouvelle ici ma profession de foi de ne jamais traiter séparément.

« C'est donc vous seul, monsieur le général,

qui serez responsable du sang français qui seroit désormais répandu dans la Vendée. »

Le mouvement des troupes du général Lamarque nous ayant obligés à changer de place, nous nous sommes portés près de Montrerault, au château de la Bélière.

Ce fut là que le général d'Antichamp reçut le 28 une autre lettre du général Lamarque, dont la date nous fit connoître qu'il occupoit Chollet, ce qui rompoit nos communications avec les autres généraux.

———

Chollet, le 28 juin 1815.

Monsieur,

« M. le général en chef de Sapinaud, M. de Larochejaquelein et les autres chefs viennent de m'envoyer la ratification du traité fait entre nous et dont vous avez eu connoissance.

Je présume que faisant partie de l'armée, vous suivrez les dispositions de votre général en chef, et que je dois regarder ce traité comme vous étant commun.

« S'il en étoit autrement, Monsieur, je vous prie de m'en instruire ; car ce n'est pas sur moi que je veux que retombe le sang qui pourroit être encore versé.

« On m'assure qu'un courrier a été arrêté à Chemillé, et qu'il y avoit hier une vingtaine d'hommes armés près de Beaupreau. Je vous prie, Monsieur, de donner des ordres pour que cet état de choses cesse ; je serai sans cela obligé de faire marcher des détachemens et de couvrir de troupes un pays que je voudrois épargner.

« Je vous préviens que j'arrête jusqu'à demain à trois heures du matin la marche des troupes que j'ai ici et de celles des colonnes qui sont à Doué et à Angers. »

RÉPONSE DE M. D'AUTICHAMP.

Monsieur le général,

« S'il est vrai que M. de Sapinaud, général en chef des armées vendéennes, vous ait envoyé la ratification du traité de paix proposé avant l'abdication de Buonaparte, ce dont je n'ai reçu auoun avis de sa part, je regarde ce qu'il a fait comme devant être commun à mon pays, pour sa propre sûreté.

« Je viens de donner des ordres pour dissoudre mes rassemblemens, comme une preuve de la confiance que j'avois dans vos sentimens.

« Ces raisons doivent vous suffire pour ne rien entreprendre d'hostile vis-à-vis de nos habitans, qui rentrent chacun chez eux pour s'y livrer à leurs travaux ordinaires.

« Voilà une garantie suffisante et la seule que vous puissiez exiger; mais j'aime mon pays et je cède pour lui et non pour moi à la force des circonstances, en acceptant les conditions que l'honneur peut avouer, sans déroger à mes obligations particulières, comme ayant été investi par le Roi du commandement du département de Maine-et-Loire, avant le retour de Buonaparte.

« Je déclare donc formellement renoncer à tous les articles du traité dont les dispositions peuvent m'être favorables.

« Je me félicite dans cette circonstance de pouvoir concourir avec vous au résultat heureux d'empêcher l'effusion du sang dans nos malheureuses contrées. »

Le lendemain de cette lettre, le général Lamarque s'est mis en route avec ses troupes pour repasser la Loire et évacuer le pays.

Quant à nous, nous restons sur le même pied, avec nos troupes d'état-major en armes, et tous nos hommes dans la meilleure disposition de les prendre, en attendant la suite des événemens et les ordres du Roi, dont nous espérons le prochain retour dans sa capitale; s'il a besoin de quelques démonstrations actives de notre part pour fixer sa puissance vis-à-vis des souverains de l'Europe et son autorité royale en France, nous serons toujours disposés à agir pour sa cause, ainsi que le reste des habitans de la Vendée. M. d'Autichamp vient de rédiger un Mémoire au Roi sur les principaux événemens de cette courte campagne; c'est son frère le vicomte d'Autichamp et le vicomte de Bertier, venus dans ce pays en mission, qui doivent en être les porteurs ; il est écrit avec modération, exactitude et sans esprit de parti, comme cela devoit être ; j'ai été chargé par le général d'en faire la lecture à messieurs les officiers réunis, et tous ont applaudi aux vérités qu'il contient.

Les maréchaux-de-camp de Marans et de Cheffontaines, qui ne nous ont point encore quittés, doivent se charger d'un double de ce Mémoire pour Mgr. le duc de Bourbon, qu'ils vont aller rejoindre à Nantes, où on l'attend de jour en jour ; nous espérons bien voir ce prince dans notre pays, et même qu'il en conservera le commandement tout le temps que les troupes étrangères séjourneront dans nos provinces du centre.

Toutes ces circonstances heureuses me font espérer, ma chère amie, que tu ne tarderas pas à revenir de Poitiers ; quel bonheur que celui de nous revoir tous les quatre ; l'esprit dégagé des angoisses cruelles qui nous ont tant tourmentés l'un et l'autre depuis trois mois, et de pouvoir célébrer en famille l'heureux retour des Bourbons ! Vive le Roi !

C'est ainsi que se fit et que se termina en Anjou la guerre de la Vendée pendant les cent jours ; guerre entreprise pour la cause du Roi, et dont le résultat a eu quelque importance militaire et politique ; militaire, puisque malgré son peu d'éclat en apparence, sur les divers points des provinces de l'Ouest, à cette dernière époque, nos efforts à tous, pour la restauration, ont entravé

Buonaparte dans les moyens qu'il avoit pour repousser les alliés.

Vingt-cinq mille hommes de bonnes troupes au moins, qu'il a envoyés contre nous avec d'habiles généraux, auroient bien pu faire pencher la balance à Waterloo, opinion que le duc de Wellington a manifestée à Paris en 1815, devant des personnes très-marquantes, en rendant une justice méritée à la diversion que les armées royales de l'Ouest avoient opérée. Sans comprendre dans cette diminution des forces de Buonaparte, en Flandre, tous les hommes de la conscription de ces différentes provinces qui avoient refusé de marcher pour l'usurpateur. L'importance politique dont a été cette guerre est également notoire, puisque les plénipotentiaires français firent valoir, dans leur note du 21 septembre 1815, l'existence des armées royales de la Vendée, contre toute demande de cession de territoire de la part des puissances étrangères; ils représentèrent que le Roi de France étoit resté constamment membre de l'alliance, dès-lors qu'une partie considérable de ses sujets avoient combattu en même temps qu'elles contre l'ennemi commun, et fait une puissante diversion.

Cette courageuse entreprise a servi en outre à prouver que le peuple vendéen étoit resté fidèle aux principes de la légitimité.

Honneur donc aux habitans de la Bretagne, du Poitou de l'Anjou et du Maine d'être restés Français dans toute l'acception du mot; honneur aux habitans des Mauges, mes honorables compatriotes, dont j'ai voulu essayer de transmettre ici le noble caractère et quelques hauts faits, qui devroient à jamais attirer sur eux et leurs descendans l'estime et l'admiration des peuples, comme celle de tous les rois.

Après avoir essayé de rappeler à l'admiration publique plusieurs de mes compatriotes, et cette portion de l'Anjou dont l'héroïque dévouement s'effacera probablement bientôt de la mémoire de nos contemporains, d'après les progrès que l'envie et l'égoïsme font aujourd'hui dans tous les cœurs, je suis bien aise de faire connoître ce que j'ai su des moyens qui ont été pris pour récompenser tant de sacrifices.

Il paroissoit juste qu'à la rentrée des Bourbons on s'occupât des hommes qui avoient tant souffert pour leur cause, et éminemment contribué à conserver l'honneur national; c'étoit le vœu du

Roi depuis long-temps, aussi dès qu'il fut monté sur son trône, en 1814, il chargea son ministre de la guerre de lui présenter un plan à cet égard, mais celui-ci ne donna pas à ce travail toute l'attention qu'il auroit méritée. Cet acte royal n'eut pas, à beaucoup près, l'extension qu'il devoit avoir; on sembla au contraire prendre à tâche de restreindre les bontés du monarque, en agissant envers ces victimes de la valeur et de la fidélité avec une parcimonie dérisoire; le ministre et ses agens furent seuls accusés de cette infraction aux ordres du Roi. Ne devoit-on pas s'y attendre, puisque c'étoit ceux qui avoient long-temps traité les Vendéens de brigands, qui étoient généralement chargés de leur appliquer des récompenses.

Mais après la seconde rentrée du Roi, ce monarque créa une commission qui fut spécialement chargée d'un nouveau travail, et dont la présidence fut donnée à M. le lieutenant-général comte de Beurnonville, nommé depuis maréchal de France.

La noblesse de son caractère et la droiture de ses intentions, que j'ai été à même d'apprécier, me font un devoir d'en parler ici, car ce n'est pas seulement à la guerre qu'on peut gagner des palmes, c'est encore en sachant distinguer le courage et la vertu.

Militaire, M. de Beurnonville sut apprécier le noble dévouement des Vendéens et leur esprit belliqueux, aussi regarda-t-il comme une très-honorable commission d'être chargé de distribuer des récompenses à toute cette population si dévouée et si digne d'intérêt; mais, homme loyal et équitable, il voulut le faire en conscience, trouvant qu'il s'agissoit essentiellement de la gloire du Roi dans ce travail; il en prévoyoit toutes les difficultés; mais cela ne l'arrêta pas, il chercha tous les moyens de s'éclairer, et cet ancien ministre de la guerre pendant la révolution devint le ferme appui des nobles victimes de la monarchie, des veuves et des blessés de la Vendée (1).

---

(1) On trouvera singulier sans doute, ainsi que ce général en fit bien des fois la remarque à des officiers de l'armée de Condé, employés dans ladite commission, que ce fût celui qui avoit envoyé les premières troupes de la république contre les Vendéens, en sa qualité de ministre de la guerre à cette époque, qui se trouvât appelé à déterminer les récompenses du Roi pour ces mêmes Vendéens, dont il reconnoissoit maintenant que l'application étoit de toute justice.

*

Il étoit fort lié avec le lieutenant-général Gouvion, pair de France qui avoit été anciennement mon camarade, et devenu mon ami par différentes circonstances citées dans le cours de ces Mémoires.

M. de Beurnonville ayant su par le comte Gouvion que j'étois à même de lui donner une partie des renseignemens qu'il désiroit, me demanda une entrevue. A la fin de notre entretien, il me pria avec instance et même à titre de faveur, de lui mettre par écrit la conversation que nous venions d'avoir ensemble sur la Vendée et les Vendéens; je m'y refusai d'abord, en lui alléguant que je connoissois beaucoup d'officiers plus anciens que moi dans ces armées, qui seroient dans le cas de l'éclairer davantage; il insista: je crus alors devoir céder à sa prière pour ne pas perdre cette occasion de pouvoir être utile aux braves habitans de mon pays. Je jetai donc sur le papier quelques notes en forme de mémoire, dont on trouvera ci-après un extrait (1). Je le lui adressai et il me répondit de manière à ne point me faire regretter la peine que j'avois prise (2). Je soumis en même temps ce Mémoire à M. le marquis d'Autichamp qui daigna me répondre dans le même sens (3). Fort de l'approbation de ces deux généraux, de deux hommes aussi recommandables, j'en remis un double à M. le baron de Larochefoucauld, mon ancien général à l'armée de Condé, qui se trouvoit être un des membres de ladite commission et également une copie à M. le comte de Foucauld qui en étoit le secrétaire, et avec lequel j'avois des relations, et qui m'avoit aussi demandé des renseignemens.

J'avois été chargé par M. le comte Charles d'Autichamp, qui avoit été forcé de quitter Paris, étant appelé au commandement d'une division, de le remplacer au ministère de la guerre pour suivre les intérêts des officiers de l'armée vendéenne d'Anjou, dont j'avois été le major-général.

C'est ce dont je m'occupois au commencement de l'année 1816, lorsque j'eus occasion de voir le général de Beurnonville; il me parla de la Vendée avec une sorte d'enthousiasme, me disant entre autres choses : Puisque le vœu de ce peuple se trouve enfin accompli, il mérite bien, d'après tous ses efforts, recevoir du Roi une grande manifestation d'estime et de reconnoissance; je désire m'occuper sérieusement de ce travail. Il m'ajouta qu'il avoit l'intention de proposer qu'on distribuât une médaille particulière à tous les hommes de ce pays qui avoient combattu pour la légitimité, que ce seroit un moyen de perpétuer les mêmes sentimens aux races futures, etc., etc.

J'avoue qu'en quittant le général de Beurnonville j'étois rempli d'admiration de son esprit de justice et de sa franchise, en manifestant ainsi son estime pour ce peuple fidèle, dont il n'avoit probablement pas jusque-là senti tout le mérite. Les Vendéens devront être plus sensibles à ce procédé généreux de sa part, que s'il venoit d'un général qui auroit toujours été à leur tête.

---

(1) Réflexions sur les moyens qu'on peut employer pour fixer les récompenses que le Roi se propose d'accorder aux habitans de la Vendée et de la Bretagne, qui se sont armés et qui ont combattu à différentes époques de la révolution pour le soutien de l'autel et du trône.

EXTRAIT.

Messieurs les membres de la commission, chargés par le Roi de constater les droits de ceux de ses sujets qui ont montré autant de dévouement à sa cause et de fixer les récompenses pour chacun d'eux, en raison de leur conduite, de leur service, de leur âge et de leurs infirmités, n'ont certainement pas besoin d'être pressés pour seconder les vues bienfaisantes de S. M. La réputation de ces messieurs et leur pratique dans une fonction à peu près semblable pour les anciens officiers, sont une garantie qu'ils ne négligeront rien pour asseoir les règles de la justice dans un travail encore plus difficile; difficile surtout à raison de l'irrégularité des demandes, si elles sont admises individuellement, et de la diversité des prétentions de chaque individu et même de chaque corps d'armée, dont il seroit au reste assez difficile de constater bien exactement tous les services.

Que messieurs de la commission ne croient pas que ce soit défiance ou inquiétude sur le résultat de leur travail, qui me détermine à les entretenir un moment sur ce sujet, mais bien le désir de leur en faciliter les diverses opérations et de les mettre à même de sortir plus promptement et plus glorieusement d'une mission aussi délicate, puisqu'elle doit être l'accomplissement d'un vœu de notre bon Roi envers ses fidèles sujets.

Qu'il me soit permis, avant d'aller plus loin, d'établir ici en principe que messieurs de la commission doivent s'occuper d'abord des anciens Vendéens et des veuves de ceux qui périrent dans la première guerre.

Puisque le nom de Vendée suffit pour réveiller chez tous les Français un sentiment d'admiration, il est juste que ceux qui ont contribué à illustrer cette portion de la France ou leurs parens, reçoivent les premiers le témoignage honorable de la bonté du Roi*.

S. M. prouva, l'année dernière, aux habitans de ces contrées la générosité de son âme, en faisant distribuer quelques secours aux plus mal-

---

* M. de R. citoit à la fin de ce Mémoire entre autres personnes dépendantes de l'armée d'Anjou qui y avoient le plus de titres, avec une note particulière sur chacune d'elles,

Madame la marquise de Bonchamps,
Mademoiselle de Bonchamps,
Le général de Fleuriot,
M. Soyer, l'aîné,
M. Cady,
M. l'Huilier,
M. de Beauveau, etc., etc.

heureux et en ordonnant qu'on fît un travail pour fixer des pensions aux veuves et blessés de cette ancienne guerre, ce qui fut exécuté sous le ministère de M. le général comte Dupont, et ce qui doit avoir incessamment son effet, d'après de nouveaux ordres transmis à ce sujet par M. le duc de Feltre. Ce dernier a en même temps donné l'ordre pour qu'on présentât un second travail, afin d'accorder des pensions aux veuves dont les maris ont péri cette année, et aux individus qui ont été grièvement blessés. Le Roi, dont le cœur paternel ne s'est jamais démenti à ce sujet, a voulu en attendant que cette dernière mesure fût remplie, soulager ces infortunés; et dès sa rentrée, il leur a fait distribuer à tous, des secours, ce qu'il a fait répéter jusqu'ici plusieurs fois.

Ces différens bienfaits n'ont encore été appliqués qu'aux veuves des simples habitans et aux blessés de la même classe, qu'on appelleroit improprement soldats.

Ne pourroit-on pas revenir sur ce travail, en en déterminant ponctuellement l'extension, qui d'ailleurs ne pourroit regarder qu'un très-petit nombre de personnes, toutes âgées, la plupart infirmes des suites de la guerre et pour lesquelles la plus petite somme, par an, deviendroit une sorte de fortune ; ce seroit d'autant plus simple et juste à accorder, qu'elles ont peu d'années à vivre, peu de ressources de travail, et qu'elles ont supporté vingt ans leur triste sort sans se plaindre, malgré les droits qu'elles auroient eus à des récompenses dont l'absence du Roi les frustroit. On peut encore dire sur leur compte, à la gloire de la Vendée, que la presque totalité de ces vieillards étoient cette année à la tête de nos rassemblemens ; que leurs propos et leur exemple ont contribué à soutenir notre énergie royaliste, qui a pu quelquefois dans cette campagne rappeler l'idée de l'ancien esprit.

En songeant qu'avec cent francs et même cinquante par an, on peut récompenser un de ces hommes estimables ; que dix mille francs pourroient suffire à cent cinquante au moins et qu'avec cent cinquante mille francs par an à ajouter à la somme déjà accordée pour tous nos pays, dont on feroit la répartition proportionnellement pour chaque corps d'armée, on feroit beaucoup de bien à peu de frais, on ne croit pas commettre ici une indiscrétion en faisant pareille proposition, d'autant que si on l'adoptoit, elle effaceroit une faute commise l'année dernière, et d'ailleurs ces petites pensions s'éteindroient successivement.

Maintenant que nous avons à peu près traité ce qui peut avoir rapport aux simples soldats, nous devons revenir aux officiers, dont le dévouement à la plus juste des causes a été le même, et qui méritent aussi d'obtenir des récompenses.

Quelles pourroient être ces récompenses ?

1° La noblesse pour quelques individus, dont la valeur et la conduite singulièrement noble et généreuse méritent un témoignage éclatant, surtout s'ils joignent à leurs bons principes et à leur éducation, une certaine existence et assez de fortune pour soutenir ce rang plus élevé dans la société.

Si quelques-unes de ces dernières conditions manquaient, ne pourroit-on pas solliciter du Roi le moyen d'y suppléer pour un très-petit nombre d'individus.

2° Quelques décorations qui ne semblent cependant devoir être distribuées entre tant de braves, dont la majeure partie sont couverts de blessures, qu'à ceux d'un certain rang et qui ne sont pas dans le cas de se livrer à un état servile et mercenaire qui aviliroit le signe honorable dont ils seroient porteurs.

3° Des grades. Ce seroit pour quelques-uns la confirmation de celui qui leur a été reconnu généralement depuis 1793, par l'exercice de leurs fonctions et le commandement en chef de grandes masses.

Il s'en trouveroit dans ce cas quelques-uns qui sembleroient avoir droit à celui d'officier-général, puisqu'on l'a conféré au sieur Tranquil et à d'autres chefs officiers-généraux des armées vendéennes et de Bretagne, auxquels le Roi a daigné le confirmer, quoiqu'ils n'eussent jamais commandé d'autres troupes. Celui de colonel sembleroit revenir de droit, comme je l'ai dit plus haut, aux anciens chefs des grandes divisions, qui ont toujours commandé avec le même titre depuis 1793, et qui sont déjà d'un certain âge.

Celui de lieutenant-colonel pourroit s'accorder ensuite à ceux qui ont commandé en second ces divisions aussi depuis 1793, ou à ceux qui en ont commandé de moins fortes, quoique sous la même dénomination.

Et enfin celui de chef de bataillon, dans une certaine proportion, à raison de l'âge et de l'époque où ils auroient commencé à servir dans lesdites armées.

La même fixation devroit avoir lieu pour ceux qui auroient été employés dans les états-majors depuis 1793, et ainsi de suite aux différentes reprises d'armes. Quant aux capitaines de commune ou de paroisse, qui ont toujours eu ce titre, il paroit indispensable de leur en délivrer le brevet qui est sans conséquence ; il seroit honorifique comme tous les autres et ne donneroit droit à reprendre de l'activité dans l'armée de ligne qu'autant qu'on auroit servi avant dans les troupes réglées : excepté dans les grades au-dessous de celui de capitaine et dans les états-majors, dont les individus seroient par leur âge, presque tous susceptibles d'obtenir de l'emploi dans ces grades subalternes.

Ces brevets seront une véritable récompense pour les Vendéens, qui attacheront en général beaucoup plus de prix aux récompenses honorifiques qu'aux autres, d'après le motif désintéressé qui les a toujours fait agir depuis vingt-cinq ans.

Quelques armes d'honneur, des fusils, des épées, des sabres et même des pistolets, ce genre de récompense flatteroit infiniment nos anciens braves, ces royalistes de profession, principalement les chefs de famille, qui les trouveroient plus agréables qu'aucune autre; elles contribueroient d'ailleurs efficacement à entretenir le feu sacré de la Vendée, de générations en générations.

On croit que messieurs de la commission feroient bien mieux de s'en rapporter à un conseil formé dans chaque armée, comme j'en ai fait la proposition plus haut, pour faire des propositions personnelles sur telle ou telle récompense à accorder à chaque individu, pour la noblesse, pour les décorations, si on en accordoit un certain nombre à chaque corps d'armée proportionnellement à sa force, et enfin pour les grades et les pensions d'après les bases qui seroient posées; et ce seroit sur la réponse des membres de ces différens conseils ou comités de chaque corps d'armée, d'après l'exactitude des services de chaque officier bien attestés, que la commission jugeroit en dernier ressort pour ensuite en soumettre la proposition au Roi ; ces demandes pourroient se faire en masses de chaque nature, sur un même tableau dont on indiqueroit le mode, ce qui simplifieroit beaucoup la chose et réduiroit le travail, qui ne semble pas devoir être considérable de cette manière.

Chaque corps d'armée se trouvant ainsi représenté par un conseil de famille, auroit l'espoir de voir messieurs les membres de la commission plus sûrement éclairés, pour appliquer les récompenses du Roi aux individus qui y ont droit, que par des mémoires particuliers, souvent apostillés d'une manière disproportionnée aux mérites, et quelquefois avec partialité.

Les demandes de certaines récompenses, telles que la noblesse, pourroient être approuvées par les autorités civiles et militaires dans chaque département.

Le tarif des pensions une fois réglé seroit appliqué par chaque comité de corps d'armée aux individus qui y auroient droit, ou par la commission, sur un relevé des services certifié.

On doit observer à ce sujet, qu'il n'est pas un officier, n'ayant servi que dans la Vendée, qui pourroit prétendre à obtenir une pension d'après le réglement actuel pour les officiers des troupes réglées; il faut donc un réglement particulier, dans lequel on doit considérer pour beaucoup les services constans depuis le commencement de la révolution sans aucune rétribution, les pertes de fortune considérable, les maisons de la plupart d'entre eux brûlées et les blessures graves dont plusieurs portent les cicatrices honorables.

Ce sont de simples réflexions faites par un officier supérieur vendéen, qu'il a jetées au hasard sur ce papier, dans l'idée qu'elles pourroient faire naître d'autres pensées à messieurs les membres de la commission, plus capables et plus à portée que lui de s'occuper d'un système de récompenses pour les habitans de l'Ouest, et propre à y maintenir le bon esprit et l'amour du Roi, qui fait tant de progrès.

---

(2) Paris, le 4 février 1816.

Monsieur le colonel,

Je m'empresse de répondre à la lettre que vous m'avez fait l'honneur de m'écrire le 3 de ce mois. J'aurais bien du plaisir à vous recevoir après demain mardi 6, entre neuf et dix heures du matin, si vous pouvez passer chez moi. Plus tard, je serai obligé d'aller à la Chambre des Pairs, et je désire vivement causer avec vous de la grande besogne que vous possédez si bien, et que j'ai à cœur de bien faire.

Recevez, monsieur le colonel, l'assurance de ma considération distinguée,

Signé le général comte DE BEURNONVILLE.

Paris, le 18 février 1816.

Le général Beurnonville a l'honneur d'offrir le bonjour et tous ses remercîmens à M. de Romain, il a lu son Mémoire avec tout l'intérêt qu'il mérite, et il sera du plus grand intérêt pour la commission.

Si M. le prince de la Trimouille se décide à envoyer à la commission tous les contrôles des généraux et chefs qu'il a ordre de lui envoyer, et qu'il paroît disposé à garder, et que M. de Romain soit encore à Paris, il voudra bien permettre que la commission le prie de venir lui donner des éclaircissemens sur l'armée dont il étoit le chef d'état-major.

―――

(3) Je ne m'érige point en censeur, mais j'ai lu avec toute l'attention qu'il mérite le Mémoire que

M. de Romain a bien voulu me communiquer, il me semble fait pour déterminer la commission à en adopter les bases ; il dit tout, et ne tranche sur rien, ce qui est d'autant mieux, que la commission ne verroit *peut-être* pas avec plaisir qu'on voulût lui faire la leçon. Mais en trouvant ce Mémoire à merveille, je dirai toujours que personne ne peut traiter un objet aussi important que celui qui a eu le mérite de rédiger le Mémoire, lequel connoissant tous les individus, leurs services, leur fortune, leurs besoins, peut seul faire déterminer par la commission les différentes récompenses qui sont indiquées dans le Mémoire, et qui doivent être données avec sagesse, et surtout sans partialité. Ainsi, je ne puis que répéter à M. de Romain ce que j'ai eu l'honneur de lui dire, c'est qu'il seroit d'un avantage incalculable pour tout ce qui a combattu dans la Vendée avec lui, et avec Charles d'Autichamp, que l'un et l'autre fussent à Paris avec des états nominatifs très-clairs, et s'ils ne sont pas eux-mêmes les porteurs de ces états, qu'ils soient simplement envoyés à la commission, même avec des notes claires et explicatives sur chaque individu ; elles auront nécessairement moins de succès, et, en supposant qu'il y eût quelque embarras de la part de la commission, qui tranchera sûrement, même avec d'excellentes intentions, alors il arrivera que faute de s'être entendu on fera des mécontens, et tout ce qui a si fidèlement et si glorieusement combattu, et porte le nom de *Vendéens*, ne doit qu'être heureux et bien traité.

Signé le marquis D'AUTICHAMP.

Ce 7 mars 1816.

FIN.

TABLE DES MATIÈRES

DU

RÉCIT DE QUELQUES FAITS

CONCERNANT LA GUERRE DE LA VENDÉE; RELATIFS SEULEMENT AUX HABITANS DE L'ANJOU; FAISANT PARTIE DES MÉMOIRES PUBLIÉS SOUS LE TITRE DE SOUVENIRS D'UN OFFICIER ROYALISTE.

Exposé et réflexions de l'auteur, servant pour ainsi dire d'introduction au récit de quelques faits de la première guerre, où se trouve la copie d'une lettre de M. le maréchal-de-camp Soyer, p. 5, 6, 7, 8, 9, etc.

Note biographique sur le général d'Elbée, p. 12 et 13.

Causes et motifs qui déterminèrent les habitans du pays des Mauges, en Anjou, à se révolter contre le gouvernement révolutionnaire, p. 16, 17, etc.

Premier triomphe des insurgés royalistes à Saint-Florent-le-Viel, p. 19.

Cathelineau part de son village à la tête d'une bande d'insurgés dont le nombre augmente si rapidement qu'au bout de quatre ou cinq jours, il commande des milliers de paysans en qualité de général; il avoit avec lui le nommé Six-Sols, ancien canonnier de marine, étranger au pays, p. 23.

Stofflet se met à la tête des insurgés de Maulevrier, prise de Chollet par les royalistes, et mort du marquis de Beauveau à la tête des républicains, p. 21.

Victoire des Vendéens remportée sur les gardes nationales de l'arrondissement de Saumur à Coron, p. 26.

MM. d'Elbée et de Bonchamps sont choisis pour généraux, chacun dans leur canton, p. 28 et 29.

Le canonnier Six-Sols trahit les royalistes; fermeté de Stofflet dans cette circonstance, ce traître est condamné à mort par un conseil de guerre, p. 30.

Notice biographique sur le général Stofflet, p. 32.

D'Elbée remporte une victoire complette sur les républicains à Chemillé, p. 34.

Notice biographique sur Bonchamps, p. 35.

Un grand nombre d'Angevins et de Bretons de la rive droite de la Loire, viennent trouver le général de Bonchamps pour servir sous ses ordres, *voyez* la note, pag. 35.

Notice biographique sur M. Henri de Larochejaquelein; il est vainqueur des républicains aux Aubiers, et envoie aux généraux de l'Anjou une partie des munitions dont il s'est emparé dans cette affaire, p. 40.

Nouvelle victoire des Angevins dans les environs de Chollet, p. 43.

Les royalistes attaquent la ville de Chalonne et s'en emparent, altercation à ce sujet entre Bonchamps et Stofflet, p. 44.

Les généraux se livrent à l'organisation de leurs corps d'armée, mode de cette organisation, p. 46.

Attaque et prise de la ville de Thouars par les armées vendéennes, p. 48.

Les royalistes sont battus et mis en pleine déroute à Fontenay-le-Comte, p. 51.

Les Vendéens retournent en force sur Fontenay et triomphent à leur tour, p. 54.

Réflexion de l'auteur au sujet de l'élévation de Cathelineau au titre de généralissime à Saumur, p. 57.

Citation des anciens généraux et officiers vendéens de l'armée d'Anjou, p. 59.

Situation de la Vendée à la première rentrée du Roi en 1814, p. 63.

Retour de Buonaparte, arrivée de monseigneur le duc de Bourbon à Angers, stupeur des Vendéens lorsqu'ils apprennent que le Roi est reparti pour l'étranger, p. 65.

Monseigneur le duc de Bourbon se rend à Beaupreau, d'où il est bientôt obligé de partir pour aller s'embarquer; il est accompagné dans cette marche par des royalistes dévoués, p. 68.

Les Vendéens reprennent courage et sollicitent leurs anciens officiers de se mettre à leur tête pour soutenir la royauté légitime contre l'usurpateur, p. 72.

M. d'Autichamp vient reprendre le commandement de son ancienne armée, p. 74.

Ordonnance du Roi datée de Lille, dans laquelle il trace à ses sujets leur devoir et la conduite qu'ils ont à tenir, p. 76.

Préparatifs pour commencer la guerre, les Vendéens ne confient leur secret qu'aux personnes qu'ils sont assurés devoir y prendre part, p. 82.

État approximatif des forces de l'armée d'Anjou, et

noms de la plupart des officiers qui vinrent figurer dans cette croisade royaliste et rustique, p. 84.

Les généraux d'Autichamp, de Suzannet et Auguste de Larochejaquelein ont une entrevue à la Chapelle-basse-mer; ils y arrêtent qu'on se levera dans toute la Vendée au son du tocsin, dans la nuit du 15 au 16 de mai, p. 91.

Proclamation du général d'Autichamp aux Vendéens, p. 91.

M. d'Autichamp fait prévenir le général d'Andigné qu'il s'est occupé à préparer l'insurrection sur la rive droite de la Loire, du jour et de l'heure qu'on se lèvera sur la rive gauche, p. 95.

Noms de la plupart des officiers qui secondèrent le général d'Andigné dans cette dernière campagne des chouans, p. 96.

Réflexions de l'auteur sur ses adieux à sa femme et à ses enfans avant de les quitter pour passer la Loire, p. 102.

Premier rassemblement des Vendéens d'Anjou au bourg de Jallais, au nombre de 4 à 5 mille, p. 108.

Une alerte à Jallais, p. 112.

Réflexions sur la question de savoir s'il eût été plus utile à la cause royale d'aller attaquer, dès le début de la campagne, les troupes buonapartistes qui s'étoient concentrées à Chollet, ou de chercher à inspirer de la confiance en parcourant le pays avec ce premier noyau pour augmenter nos forces, p. 116, etc.

Aperçu du tableau que présente une armée vendéenne en marche et du dévouement de ceux qui la composent, p. 121, etc.

On apprend l'arrivée de M. Louis de Larochejaquelei

sur la côte et le débarquement d'une certaine quantité de fusils et de cartouches, p. 124.

Lettres des colonels Prévost et Levavasseur, au général comte de la Borde, auquel ils expriment toute leur inquiétude sur leur position, par rapport aux rassemblemens des insurgés royalistes dont ils sont entourés, p. 125 et 124 en note.

Le général d'Autichamp entre à Chollet à la tête de dix mille hommes environ, le septième jour de l'insurrection, p. 133.

M. Louis de Larochejaquelein écrit à M. d'Autichamp pour lui exprimer le désir qu'il a de le voir et de s'entendre avec lui sur les opérations de la campagne ; quelques réflexions à ce sujet, p. 135.

Entrevue de M. Louis de Larochejaquelein avec M. d'Autichamp dans la ville de Chollet, tout semble marcher d'un commun accord, M. de Larochejaquelein prend le titre de général en chef, qu'on ne lui dispute pas, p. 139.

Sentimens de surprise et d'admiration que produit le singulier spectacle d'une si grande masse d'hommes qui se sont réunis pour le soutien de la bonne cause, p. 143.

Troupes de renfort envoyées par Buonaparte contre la Vendée, sous les ordres des généraux Lamarque et Brayer, p. 148.

Une partie de l'armée d'Anjou ayant à sa tête le général d'Autichamp, se met en marche pour se diriger vers la côte, d'après les instructions de M. Louis de Larochejaquelein, p. 150.

MM. de Malartic, de Flavigny et Victor de la Béraudière arrivent à Tiffauges porteurs de propositions de Fouché, ministre de Buonaparte, à tous les généraux des armées royales, à l'effet de suspendre les hostilités et de traiter de la paix, p. 151.

Arrivée de l'armée d'Anjou à Legé, on y manque de pain, nous y apprenons qu'une partie des renforts envoyés par Buonaparte sont entrés dans notre propre pays, que le général Brayer est déjà en marche sur Chemillé, et au même moment, les généraux de Sapinaud et de Suzannet qui nous précèdent d'une marche mandent à notre général qu'ils manquent de vivres sur le point où ils sont, que leurs hommes paroissent dégoûtés et on ne peut plus contrariés d'entrer dans le Marais, qu'un grand nombre retournent chez eux, etc. p. 153, etc.

M. d'Autichamp part de Legé, accompagné d'un de ses aides-de-camp, pour se rendre auprès de ses collègues MM. de Sapinaud et de Suzannet, et là, ces messieurs conviennent d'écrire au général de Larochejaquelein pour lui représenter les inconvéniens qu'ils voient à continuer dans ce moment leur marche vers le Marais, l'engageant à différer cette expédition jusqu'à ce qu'on ait des nouvelles positives de l'escadre anglaise, ajoutant qu'ils croient devoir céder pour le moment au vœu de la majorité de leurs hommes en rentrant chacun dans leur pays, p. 157.

M. Louis de Larochejaquelein destitue les généraux de Sapinaud, d'Autichamp et de Suzannet, p. 162.

On apprend la mort du général Louis de Larochejaquelein tué dans le Marais les armes à la main, affliction générale des Vendéens sur ce triste événement, p. 164.

Réunion de tous les chefs des différens corps de l'armée vendéenne à Montfaucon, pour arrêter ensemble leurs opérations ultérieures; ils nomment provisoirement un général en chef, le choix tombe sur le général Sapinaud qui se trouvoit le plus ancien d'entre eux; l'esprit de conciliation règne dans ce conseil et parmi tous les officiers des différens corps d'armée, p. 170.

Le général Canuel fait la proposition de donner une nouvelle organisation à l'armée et présente un plan à cet égard, p. 170.

On convient de se reporter incessamment en force vers la côte, pour recevoir des armes et des munitions; le général Canuel juge à propos d'opérer pendant ce temps-là, une diversion sur Thouars avec une partie des Poitevins, commandés par M. Auguste de Larochejaquelein, représentations du général d'Autichamp à cet égard, p. 178.

Premier engagement de nos troupes d'avant-poste avec un détachement de celles aux ordres du général Lamarque (le 19 juin), elles sont reçues courageusement par les Angevins qui les repoussent et les poursuivent jusqu'à la Roche-Servière, p. 180.

Le général d'Autichamp donne des ordres pour faire occuper le bourg de la Roche-Servière, afin d'être en mesure de résister à l'ennemi en cas d'attaque, p. 183.

Marche de nos troupes de réserve se portant sur Roche-Servière (le 20 juin), au bruit des coups de fusil qu'on entend de ce côté à cinq heures du matin, ces troupes s'arrêtent dans leur course pour recevoir la bénédiction de leur aumônier, avant de se présenter au combat, p. 184.

Description du combat de Roche-Servière, où le général Lamarque vient attaquer les Vendéens, p. 187.

Retraite de l'armée d'Anjou à l'issue du combat de la Roche-Servière, soins donnés à Clisson à M. de Maussabré, qui étoit grièvement blessé, p. 193, etc.

Réflexions sur la mort de MM. Durau, Auguste de Cambourg et autres officiers, p. 196.

Éloge du général comte de Suzannet, p. 198.

Lettre du général Lamarque aux généraux de la Vendée, auxquels il renouvelle ses propositions de paix, à l'issue du combat de la Roche-Servière, p. 201.

Réponse collective des généraux vendéens à la lettre du général Lamarque, p. 203.

Autre lettre du général Lamarque au général Sapinaud; p. 204.

Réponse du général Sapinaud au général Lamarque, p. 206.

Réunion à la Tessoualle des généraux et officiers vendéens de tous les corps de l'armée, agitation dans les esprits relativement à la réponse qu'on doit faire à une nouvelle lettre fort pressante du général Lamarque, p. 208.

Réponse du général Sapinaud à la seconde lettre du général Lamarque, p. 210.

Nouvelle de la victoire remportée par les alliés à Waterloo, suivie d'une lettre du général Lamarque à M. d'Autichamp, p. 212.

Réponse du général d'Autichamp au général Lamarque, p. 214.

Dernière lettre du général Lamarque au général d'Autichamp, suivie de la réponse de celui-ci, p. 215.

Réflexions sur les avantages qu'a produits pour la cause des Bourbons le mouvement de la Vendée en 1815, p. 219.

Exposé des moyens employés pour appliquer les récompenses que le Roi désire répandre sur les habitans des provinces de l'Ouest, qui ont constamment défendu la cause de la légitimité, p. 221, etc.

Extrait du Mémoire remis par M. de R. au général de Beurnonville, nommé président de la commission chargée d'appliquer des récompenses aux habitans des provinces de l'Ouest, qui ont soutenu la cause des Bourbons, p. 226.

Lettres de M. le général comte de Beurnonville et de M. le général marquis d'Autichamp à M. de R., relativement au Mémoire qu'il leur a remis.

FIN DE LA TABLE.

www.ingramcontent.com/pod-product-compliance
Lightning Source LLC
Chambersburg PA
CBHW060129170426
43198CB00010B/1087